August Hermann Niemeyer

Beobachtungen auf einer Reise nach England

weitsuechtig

August Hermann Niemeyer

Beobachtungen auf einer Reise nach England

ISBN/EAN: 9783956560545

Auflage: 1

Erscheinungsjahr: 2013

Erscheinungsort: Bremen, Deutschland

@ weitsuechtig in Access Verlag GmbH. Alle Rechte beim Verlag und bei den jeweiligen Lizenzgebern.

Cover: Foto © Matthew Hunt (Wikipedia)

weitsuechtig

Bibliothek

der neuesten

Entdeckungsreisen

nebst den wichtigsten

Beyträgen des 19. Jahrhunderts,

zur Bereicherung

sowohl der Länder- und Völkerkunde überhaupt,
als der europäischen insbesondere.

Sechstes Bändchen.

Wien, 1825.

Gedruckt und im Verlage bey Anton Strauß.

Beobachtungen
auf einer
Reise nach England.

Nebst Erinnerungen
an
denkwürdige Lebenserfahrungen und Zeitgenossen.

Im bündigen Auszuge.

Von

Dr. August Hermann Niemeyer.

Erster Theil.

Wien, 1825.

Gedruckt und im Verlage bey Anton Strauß.

Die Seereise.

Nordsee, den 12. — 15. Juny.

Die englische Regierung hält zu **Harwich**, einer 15 deutsche Meilen von London in der Grafschaft Essex gelegenen Hafenstadt, zwölf einmastige Schiffe, welche man, da sie bloß zum Überbringen von **Post-packeten, Briefen und Passagieren** bestimmt sind, daher den Nahmen **Packetboote** führen, als **Wasserposten** betrachten kann. Sie gehen regelmäßig zwischen Gothenburg in Schweden, Cuxhafen an der Elbemündung, und Helvoetsluis in Holland, wöchentlich zweymahl an bestimmten Tagen von beyden Ufern ab. Sie sind bey weitem die **sichersten** Fahrzeuge, da sie, wenn gleich Eigenthum der Capitäns, welche sie führen, doch im Dienst der Regierung stehen und derselben verantwortlich, dabey sehr gute Segler, mit einer bedeutenden Anzahl von erfahrenen, des Weges genau kundigen Schiffsleuten, und mit allen für Passagiere wünschenswerthen Bequemlichkeiten versehen sind. Es sind nur äußerst seltene Beyspiele vorhanden, daß sie verunglückt wären, wenn sie gleich, besonders in manchen Jahrszeiten, keine Sicherheit leisten können, daß kein Sturm und Ungewitter eintreten und sie auch wohl an entfernte Küsten verschlagen werde.

Doch, welche menschliche Kunst und Erfahrung mag dem Sturm gebiethen; und wer kann sich, wenn er nun auf den Wogen schwebt, und nichts mehr als Himmel und Wasser erblickt, des Gedankens erwehren, welch zerbrechlicher Boden ihn über einen Abgrund trägt, in welchem Millionen ihr Grab gefunden haben? Wenn man, zumahl des Nachts, und wachend, in dem engen Lager liegt, das nur eine breterne Scheidewand von den sich daran brechenden Wogen trennt, so liegt auch die Vorstellung so nahe, daß es vielleicht nur e i n e s heftigen Anstoßes an irgend ein unbemerkbares Felsenriff, nur e i n e s unerwarteten Leckwerdens im Kiele des Schiffs bedürfte, um auf einmahl auf jenen s t i l l e n O c e a n versetzt zu werden, der uns einst alle in das unbekannte Land jenseits dieses Lebens tragen wird.

Der Henry Freeling, so hieß, zur Ehre eines der Haupt=Officianten der großen Post in London, unser Packetboot, geführt vom Capitän H a r t, gehörte, wie man uns versicherte, zu den besten. Auch hatte es überall das Ansehen, ziemlich neu und sehr wohl unterhalten zu seyn. Es hatte ungefähr 70 bis 80 Fuß in der Länge und 20 bis 24 Fuß in der Breite, so daß das Verdeck den Reisenden, auch wenn die Zahl ganz vollzählig war, Raum genug gab, sich frey darauf zu bewegen. Die Cajüte des Capitäns enthielt, außer seinem Schlaf-Cabinet, sechs Betten für Passagiere, die mittlere größere acht; daneben noch zwey schmale Cabinete, welche man gewöhnlich den Damen überläßt. Durch eine gewundene enge Treppe steigt man in den, von dem Aufenthalt des Schiffsvolks und der Niederlage der Effecten ganz abgesonderten, für diese Zimmer bestimmten Raum. Alles darin ist durch Täfelwerk oder durch den Anstrich mit hellen Öhlfarben freundlich. Durch schräge Glasfenster sind sie von oben herab erleuchtet; daneben mit Tischen, Stühlen, Spiegeln, Öfen und allen Geräthschaften für die kleinern Bedürfnisse, wie Gläser, Tassen u. s. w. versehen, die durch Vertiefungen in dem Rück, worauf sie stehen, vor dem Umfallen gesichert sind. Zu beyden Seiten sind, gleich Wandschränken, Öffnungen zu Betten, zwey und zwey über einander, mit Matratzen, Decken und Kissen; wenn der Schlaf nur nicht fehlt, immer gut genug, um der häuslichen Bequemlichkeit auf kurze Zeit zu vergessen.

Ist das Wetter schön, so ist, zumahl bey unerfreulicher Windstille, der Aufenthalt auf dem Verdeck der angenehmste und gesundeste. Freylich verliert man, selbst bey mäßiger aber doch immer wiegenartiger Bewegung, bald den festen Gang, und tritt erst das Übelbefinden ein, so fangen alle an gleich Trunkenen hin und her zu wanken. Dagegen gewähren die ersten Stunden und Tage, so lange man wohl ist, die angenehmste Unterhaltung. Man hat zwar von dem Augenblick an, wo man das Ufer verläßt, alle seine Freyheit hingegeben, und weder Geld noch Ansehen vermag etwas gegen die Elemente und selbst gegen die despotisch gebiethenden Gesetze, welche der Führer handhabt. Aber das Neue des Zustandes, der kleine wohlgeordnete Staat, in dem nur Einer regiert und Alle zu ihrem eigenen Besten gehorchen müssen, die Besonnenheit, womit jeder, vom Capitän an bis zu den kleinen Schiffsjungen (the boy) herab, handelt, die Pünctlichkeit im Ausführen des oft nur durch Winke und leise Worte Gebothenen, die Sicherheit, womit jedes Geschäft betrieben, die Schnelligkeit, womit jeder Befehl befolgt wird, die Zweckmäßigkeit jeder Einrichtung, wonach alles am rechten Orte steht, das kleinste Räumchen benutzt, nichts überflüssig aber auch nichts vergessen ist: das alles hat ein eigenes Interesse, und man fügt sich willig in die Nothwendig-

zeit eines leidenden Gehorsams. Da steht der Steuer=
mann (the Mate) stundenlang, bis ihn der Nächste nach
ihm ablöset, am Ruder, sprachlos, bald nach dem vor
ihm stehenden Compaß, bald nach der Flagge am Mast
hinblickend, und bestimmt auf der spurlosen Meeres=
fläche dennoch die Straße, durch Lenken des Steuers
zur Rechten und Linken, mit großer Sicherheit. Da eilt
ein Anderer, sobald sich das Schiff einer Küste nähert,
tritt auf den Bord mit dem Senkbley, und zählt mit
vernehmlicher Stimme die Faden. Da klimmt, gleich=
viel ob es Mittag oder dunkle Mitternacht ist, ein
Dritter und Vierter an den Tauen hinauf nach
der Spitze des Mastes, in schwindelnder Höhe über den
Untiefen schwebend, und löst oder befestigt die Segel.
Bald wird, wenn ein Küstenfischer sich blicken läßt, ein
Boot ausgesendet und es arbeitet sich mit raschem Ru=
derschlag durch die hohen Wogen, um Vorrath einzu=
kaufen. Bald begrüßt ein entgegen kommendes Schiff
das andere mit Hülfe des Sprachrohrs. Nicht ohne
Neid sahen wir manche glücklichere Zwey= und Drey=
master mit geschwollenen Segeln vorbey fliegen, da
derselbe Wind, der uns feindselig hemmend die Fahrt
erschwerte, jene pfeilschnell ihrer Bestimmung zuführte.
Ist die See ruhig, so feyert auch das Schiffsvolk. Der

Eine greift zur Angel, und freut sich, wenn er die Steinbutte oder Makrele durch den Köder berückt hat. Der Andere liegt, irgend ein Buch über das Seewesen in der Hand, auf dem Verdeck. Denn jeder hofft es bis zum Capitän zu bringen. Kommt der Sonntag, so zieht man sich sonntäglich an, und das Gebethbuch oder die Bibel, die in drey Sprachen zur Hand war, wird nun für Viele die Beschäftigung in den Feyerstunden. Die Gesellschaft kommt sich auch mit jeder Stunde näher. Man hat nach und nach ausgefunden, wer Jeder sey, woher er komme, wohin er gehe. Man theilt alle Gefühle, alle Befürchtungen, alle Hoffnungen. Man findet Berührungspuncte, tauscht Erfahrungen und macht Plane für die ungewisse Zukunft.

Jeder möchte wissen, wann der Hafen erreicht seyn werde. Die kalte Antwort der Seemänner: „das weiß ich nicht, das ist nicht zu berechnen, wir können dem Winde nicht gebiethen," drängt die Frage, die immer über die Lippen will, zuletzt ganz zurück, und die Ergebung in das Unabänderliche bringt die Ungeduld zur Ruhe.

Auch die Befriedigung der körperlichen Bedürfnisse hat doch anfangs durch die Neuheit ihren Reiz. Man findet sich darein, wenn man erst gegen neun

Uhr zum Frühstück, nach zwey Uhr zum Mittagsessen, um sieben Uhr zum Thee eingeladen, und die Wahl gelassen wird, ob man es in der Cajüte oder auf dem Verdeck verlange. Man hilft sich wie man kann mit den großen, unsern Spühlnäpfen ähnlichen Tassen, die, so wie Schüsseln und Flaschen, auf dem mit Stricken angebundenen Tisch durch wollene Wülste vor dem Umfallen sicher gestellt werden. Man sucht den etwas unsaubern Koch, der zugleich Matrose ist, zu vergessen, und ißt, so lange man noch essen kann. Man eilt indeß fertig zu werden, um die armen Kranken, die dicht neben dem Eßtisch in ihren Wandbetten liegen und seufzen, und sich entledigen, nur möglichst bald von dem Geruch des Essens zu befreyen, der, statt zu reizen, den Ekel vermehrt.

Nur sehr wenigen Glücklichen ist es beschieden, auch die kürzeste Seefahrt, ohne krank zu werden, zu vollenden. Anfangs ist selbst dieß ein Gegenstand des Scherzes. Wenn so Einer nach dem Andern still wird und blaß, den Kopf stützt, oder wankend und schwankend einen Stütz- und Anlehnungspunct, eine Bank, ein Schiffstau sucht, und auf keine Frage mehr antworten mag, so lächeln die Gesunden, zumahl wenn er vorher auf seine gute Natur getrotzt hatte. Auch macht er wohl selbst, wenn die materia peccans über Bord gegangen ist, gute Miene zum schlechten Spiel. Aber nach und nach vergeht der Muth; man hört nun immer mehr Klagen und Verwünschungen. Manchem will alle Lebenslust ausgehen. Ein Zustand der völligen Gleichgültigkeit tritt ein. Geschlossene Augen, um das ewige Steigen und Sinken aller Gegenstände nicht gewahr zu werden, und eine ganz regungslose Stellung sind das Einzige, wodurch man sich einige Erleichterung verschaffen kann, die man von allen Arzneyen vergebens erwartet. Daher sucht jeder taumelnd sein Bett zu erreichen. Verlassen ist er da nicht. Der S t u a r t (Steward), so heißt der Seemann, der die ganze Ökonomie und den Haushalt des Schiffes besorgt, wozu man immer den gewandtesten, reinlichsten, behaglichsten wählt, und der anstellige aufmerksame S c h i f f s j u n g e (ein sehr lieber behender Knabe war unser B i l l i), reichen hülfreiche Hände, leiten und stützen, helfen auskleiden, heben das Gegitter, das wie an Kinderbetten beweglich ist, zum Einsteigen heraus, und setzen es, sobald man eingeschichtet und für alle Bequemlichkeit gesorgt ist, wieder ein. Man kann in seinem Hause nicht freundlicher und aufmerksamer bedient werden, jedoch ohne alles Wortemachen. Denn die Seefahrer sind in der Regel in sich gekehrt und ganz ausnehmend schweigsam.

So bringen denn viele Passagiere die ganze Zeit ohne alles Essen und Trinken, halb wachend, halb schlafend hin, wenn sie nicht etwa das Stöhnen des Nachbars, und seine Anstrengung, den letzten Magensaft loszuwerden, weckt. Eine Dame, aus St. Domingo gebürtig, und jetzt in Irland wohnhaft, wäre bey ihren gefälligen Sitten gewiß eine interessante Gesellschafterinn gewesen. Aber wir haben sie auf der ganzen Reise kaum zweymahl gesehen, da sie immer in ihrem einsamen Cabinet im Bett zubrachte und nichts genoß. Andere hatten nach ein paar Tagen alles überwunden, und konnten dann die Rathgeber und Tröster der Kranken und Genesenden werden. Ich gedenke hierbey dankbar zweyer liebenswürdigen Jünglinge, der Gebrüder Green, die der Vater aus Holland abgehohlt hatte, und wovon besonders der ältere sich meiner kleinen Bedürfnisse mit einer Sorgfalt und Aufmerksamkeit annahm, als ob ich selbst sein Vater gewesen wäre.

Niemand fährt bey der Krankheit der Schiffsgesellschaft besser als der Capitän. In der Summe, welche man für die Überfahrt bezahlt, ist alles, also auch die ganze Beköstigung, einbedungen. Er muß sie leisten, die Reise mag vier und zwanzig Stunden oder eben so viel Tage dauern. Wenn alles krank ist, kommen die Schüsseln voll zurück; und er hat fast nur die einzige Sorge, seine Vorräthe an frischem Fleisch vor dem Verderben zu sichern. Unser Capitän Hart, ein ältlicher, aber gewiß überaus besonnener und schon durch viele Erfahrungen bewährter, übrigens auch sehr einsylbiger Mann, war zwar wortkarg, sah es aber gern, wenn man sich seine Schiffskost schmecken ließ. Bey Tische ward er auch zuweilen gesprächig.

Mögen übrigens Leser, die an dem Berichterstatter wohlwollenden Antheil nehmen, ihn, wenn sie diese treue Darstellung des Seelebens gelesen haben, nicht zu sehr bedauern. Die Fahrt war zwar der Dauer nach beyde Mahle unglücklich. Denn aus den **vier und zwanzig bis dreyßig** Stunden, in welchen man in der Regel von Holland nach England kommt, wurden **sechs und fünfzig**; und aus den **zwey bis drey** Tagen, worin man gewöhnlich von Harwich die Elbemündung erreicht, wurden bey der Rückreise **sechs** volle Tage. Übrigens aber ist er leidlich genug durch diesen Prüfungsstand der Geduld hindurch gekommen, und da doch jede neue Erfahrung im Leben etwas werth ist, möchte er auch diese nicht missen. Endet sie doch immer in dem Gefühl, wie neugeboren zu seyn, sobald man wieder festen Boden unter sich fühlt. Sogar ein wenig Sturm möchte man gern **gehabt haben**, sobald man im Hafen ist.

England.

Island of bliss! Amid the subject seas,
That thunder round thy rocky coasts, set up,
At once the wonder, terror and delight
Of distant nations; whose remotest shores
Can soon be shaken by the naval arm,
Not to be shook thyself, but all assaults
Baffling, as thy hoar cliffs the loud sea-wave *).

Lebendig trat mir die Erinnerung an diese Apostrophe, mit welcher Jacob Thomson, der erste englische Dichter, den ich in meiner Jugend gelesen hatte, sein Vaterland begrüßt, in's Gedächtniß, als ich voll ungeduldiger Erwartung zum ersten Mahl die Küste des ersehnten Albions erblickte. Wir hatten Sonnabend

---

*) Gesegnet Eiland! Mitten unter Fluthen,
Die aufgethürmt den Felsstrand rings umdonnern,
Zugleich das Wunder, Schrecken und die Lust
Entleg'ner Völker. Ihre fernsten Ufer
Erschüttert deiner Schiffe mächt'ger Arm,
Selbst unerschütterlich verhöhnst du jeden Angriff,
So wie dein grau Geklipp' der Welle Toben.

Nachmittag Helvoetsluis verlaſſen. Sonntag gegen
Abend waren wir im Angeſicht der Graffſchaft Süf-
folk; freylich durch den widrigen Wind viel zu weit von
unſerm Ziel nordwärts getrieben, aber doch England
nun ſo nah, daß wir mehrere Fiſcherdörfer mit ihren Kirchen und die weißen Leichenſteine, die in dichten Reihen
auf den Kirchhöfen ſtanden, ganz deutlich gewahr wurden.

Die Martellothürme, welche wir entlang
der ganzen Küſte erblickten, erinnerten an die beſorgte
Vorſicht, mit der man in dem Jahr 1804 und 1805,
wo ſich in Boulogne die franzſiſöche Flotte rüſtete, un-
ſern Warten ähnliche, 50 — 60 Fuß hohe Bollwerke
in geringer Entfernung von einander erbaut, ſie mit
Kanonen und Caſematten verſehen, auch an leicht er-
ſteigbaren Küſtenpuncten größere Forts angelegt hatte.
Sie ſind jetzt nur noch ein Gegenſtand des allgemeinen
Tadels; bewährt aber hatte ſich auch dießmahl Thom-
ſons ſtolzer Ausſpruch. Selbſt dem kühnſten aller
neueren Krieger und Eroberer war es wohl kaum
Ernſt geweſen, eine Landung zu verſuchen. England iſt
daher in Zeiten, wo alle andere Länder in Flammen
ſtanden, ein's der wenigen glücklichen geblieben, deſſen
Boden kein Fuß eines fremden Kriegers betreten, deſſen reiche Saaten kein feindlich Roß zerſtampft hat.

Im Gesicht behielten wir nun zwar immer das große Eiland — insularum, wie es schon Tacitus nannte, quas romana notitia complectitur maximam. — Aber das unaufhörliche Laviren, wobey es bald näher kam, bald wieder zurück zu weichen schien, vermehrte nur die Unbehaglichkeit des Zustandes. Der ganze Montag ging hin, ohne daß der Wind unserer Sehnsucht achtete; der Abend kam heran, der Himmel war umwölkt, und der Nebel verbarg, was irgend ferne lag. Doch gab der Capitän Hoffnung, da endlich die Richtung auf den Hafen von Harwich gewonnen war, daß wir am Morgen in England erwachen würden.

Und so geschah es auch! Gegen zwölf Uhr warf man die Anker aus. Zur Nachtzeit muß das Packetboot in einer weitern Entfernung vom Ufer bleiben. Aber Boote in Menge waren bey der Hand, um die Bagage und die Passagiere in Empfang zu nehmen. Die Behülflichkeit der behenden Bootsleute gab uns Muth, auch im Dunkeln vom Bord unsers Schiffes in das kleine schwankende Fahrzeug hinab zu gleiten. Um Mitternacht standen wir auf englischem Boden.

Harwich.

Der sandige unebene Weg vom Ufer bis in die

Stadt in finsterer Nacht, vollendete die Ermüdung von der Seereise, auf der weder Schlaf noch Speise Kräfte gegeben hatten. Desto erfreulicher war der Eintritt in den ansehnlichen Gasthof des Hrn. Blissair, welcher mit dem noch größern Hause des durch viele Reiseberichte wohlbekannten Master Bull, den wir auf der Rückreise wählten, wenigstens in Reinlichkeit und Bedienung, wetteifert. Alles ward angebothen. Aber Ruhe war für den Augenblick das einzige Bedürfniß.

Der Übergang aus dem engen, dumpfen, besonders durch den Dunst der Matratzen und des Leinenzeugs doch höchst unbehaglichen Bettschranke im Schiff, in das weite, so geräumige, und schon durch die höchste Reinlichkeit anziehende Bett, erhöhte den Genuß eines erquickenden Schlafs.

Hier bekam ich den ersten Begriff von einem englischen Gasthofe. In keinem Lande versteht man sich zuvörderst wohl besser auf die Benutzung des Raums. Sieht man die Häuser von außen, so begreift man kaum, wie sie solch eine Menge zwar kleiner aber netter und freundlicher Zimmer einschließen können. In diesen Zimmern nimmt das, in der Mitte von drey Seiten frey stehende, fast dreyschläfrige Himmelbett, umgeben von feinen schneeweißen oder blumigen Cattun-Vorhängen, den größten Theil des Raumes ein. Alle Fußböden sind, wie überhaupt in allen Häusern, mit Teppichen belegt, selbst die Treppen wenigstens mit einem breiten Streifen, den an jeder Stufe eine dünne meßingene Stange festhält. Für jede Bequemlichkeit ist einfach, aber höchst zweckmäßig gesorgt. Die Geschäfte sind unter die Dienenden regelmäßig vertheilt. Das Stubenmädchen (the Chambermaid) hat die Sorge für die Zimmer, führt die Fremden ein, besorgt das Licht, klopft des Morgens, die Liste ihrer Aufträge in der Hand, pünctlich wie man es bestellt hat, an die Thür und meldet die Stunde; der Aufwärter (Waiter) besorgt wie unsere Marqueurs das Frühstück, den Tisch, und alle allgemeine Angelegenheiten. Die kleinern und niedern Dienste liegen dem Hausknecht (von den Stiefeln die er besorgt, Boots genannt), andere dem Stallknecht (Hostler) ob. In sehr besuchten Gasthöfen hört man unaufhörlich diesen oder jenen Nahmen rufen. Keiner aber wird dem andern in's Amt fallen. Natürlich erwartet dann auch jeder sein Trinkgeld.

Nach dem gemeinsamen reichen Frühstück wurden die deutschen Pässe gegen die englischen Certificate ausgetauscht, indem jene nach London geschickt und erst vor der Rückreise in dem Fremden-Bureau (Alion office) zurück gegeben werden. Alles Gepäck war schon in der Nacht unmittelbar vom Schiff in das Zollhaus (Custom House) gebracht, das erst um 9 Uhr geöffnet ward. Die Visitation der Koffer und Mantelsäcke war in sehr kurzer Zeit ohne alle Weitläufigkeit abgemacht. Viele Unterschriften waren zwar nöthig, und man ward von einem der Officianten zum andern in angränzende Zimmer geschickt. Aber alles war doch schnell und still und mit sehr geringen Kosten beendigt. Die Taxe ist hier feste Regel. In Dover soll, wenn man von Calais kommt, alles weit strenger seyn.

Im Hofe des Gasthauses stand schon die Stage Coach, oder der Wagen, der uns nach London führen sollte. Höchst einladend war sein Anblick. Denn das ist, zumahl mit unsern Postwagen, auch den besten, verglichen — ein gar stattliches Fuhrwerk. Die Mitte gleicht völlig unsern viersitzigen Kutschen mit Glasfenstern von beyden Seiten. Der Anstrich des Kutschenkastens, meist Zinnoberroth oder Grün, ist mit dem feinsten Lackfirniß überzogen. Am Schlage und an beyden Seiten liefet man die Nahmen des Eigenthümers, des Hauptorts, von welchem die Kutsche ausgeht und zu dem sie führt, dann aller kleinern Orte, die sie berührt, und dieß alles in großen goldenen Buchstaben so glänzend, als ob es von gestern her wäre, indem auf das Reinigen und Poliren gleich nach der Ankunft die größte Sorgfalt gewendet wird. Von auß en befinden sich zuvörderst d r e y Plätze dicht an der Kutsche, die rückwärts, wie gewöhnlich auch unsere Scheibenwagen, kein Fenster hat. Vor diesen ist der Sitz des Kutschers, neben welchem noch ein Passagier Platz findet. Hinten, wo man bey unsern Postwagen die Schoßkelle sieht, befinden sich wieder zwey mit dem Wagen in Federn hängende Bänke gegen einander über, zu d r e y Personen. Auf dem Kutschhimmel selbst können gleichfalls vor- und rückwärts drey und drey Andere Platz finden. Alles dieß heißt die A u ß e n s e i t e (the Outside). Auf der Mitte der Decke findet eine Menge von Gepäck, Koffern und Schachteln Platz. Man erstaunt über die Schnelligkeit und Sicherheit, womit dieß alles in der Höhe befestigt wird, auch wohl manchem zu spät kommenden Passagier wieder zum Nothsitz dient. So können denn in diesen so eingerichteten Kutschen, deren es eine unzählige Menge gibt, und die nach manchen Gegenden jede Stunde abgehen, oft 16 — 18 Personen Raum finden, wiewohl die Schonung der Pferde berücksichtigende Gesetze die äußerste Zahl bestimmen. Sitzt man in der Kutsche, so hat man kaum eine

Ahndung von der großen Gesellschaft, worin man sich befindet. Die Außenseite ist fast immer gedrängt voll, und oft zur Hälfte mit weiblichen Reisenden, meist in schönem weißen Anzuge. Man zieht sie schon der größern Wohlfeilheit wegen, dann auch wegen der freyern Aussicht den innern Sitzen vor, die zuweilen durch die Nachbarschaft sehr starker wohlgenährter Herren und Damen, deren es in diesem Lande des feisten Rost beefs und Muttons recht viele gibt, sehr beengt werden.

Vier, auch sechs prächtige Pferde, mit schönem blanken Geschirr, als ob es einen Parade-Aufzug gälte, sind wenige Minuten vor der Abfahrt zur Stelle. Sobald der Schirrmeister (the Guard) dem gewöhnlich sehr stattlich angekleideten Kutscher sein: All right! (Alles ist in Ordnung!) zuruft, geht die Reise fort; nicht gerade, wie manche Reisende erzählen, pfeilschnell, aber in einem so gleichmäßigen raschen Trott, daß man, da der ganze Wagen in Stahlfedern hängt und die Landstraßen unsern Stubendielen gleichen, ohne Ermüdung oft in einer halben Stunde eine deutsche Meile zurück gelegt hat. Selbst das öftere Anhalten, wenn Passagiere abgehen und neue ankommen, macht darin nur einen geringen Unterschied.

Reise von Harwich nach London.

Am 15. Juny.

Zwischen Harwich und London, einer Entfernung von 72 englischen oder 15 deutschen Meilen, werden die Pferde fünfmahl, in Mistley, Colchester, Witham, Ingatestone und Romford, gewechselt, der Kutscher aber nur zweymahl. Wenn man auf vielen unserer gewöhnlichen Posten oft Stundenlang auf die Ankunft, vielleicht abgetriebener und keuchender Pferde warten muß, so sieht man hier schon, sobald man sich dem Hause naht, wo der Wechsel ist, die vier oder sechs Rosse stolzirend aus dem Stall hervor gehen. Es ist kein eigentliches Posthaus, denn Alles, selbst die Briefpost (the Mail) ist Privat-Unternehmung, und eben daher durch den steten Wetteifer so trefflich besorgt. Fast bis auf die Minute weiß man, wenn man an jedem Ort eintreffen wird.

Wir fuhren zwischen zehn und eilf Uhr aus Harwich und fanden in dem, auch unter uns durch die Colchester-Austern bekannten Colchester, den Mittagstisch, für welchen hier eine halbe Stunde Zeit gegeben wird, gedeckt und reichlich besetzt. Dann ging es ohne Unterbrechung so schnell weiter, daß wir um zehn Uhr in der City oder Altstadt von London das Haus erreicht hatten, wo die Kutsche anhielt und abpackte.

Welchen freundlichen Eindruck machte nicht schon von dieser Seite dieß, durch die höchste Cultur so reiche, eben jetzt in herrlicher Blüthe prangende Land! So weit das Auge umher blickt, begegnet ihm die Spur des landwirthschaftlichen Fleißes. Man glaubt in schöne, höchst wohlhabende Städte zu kommen, und ist doch nur in einem Dorfe. Man glaubt prächtige Landsitze zu sehen, und es sind die Wohnungen der Pächter oder Kaufleute. Die gewöhnlichen Häuser in den Flecken und Städten sind zwar klein nud schmal, aber wie freundlich durch die spiegelhellen Fenster, durch die artigen Umzäunungen, durch die kleinen Blumengärten, durch welche ein reinlicher Weg zur Hausthür leitet. Und wie beginnt schon auf dem Lande das kaufmännische Leben! Man fährt vor einem Laden nach dem andern vorüber. Hinter den hohen Fenstern von schönem Kronenglase, welche das untere Stockwerk ausmachen, liegen alle Arten von Waaren kunstvoll aufgeputzt zur Schau. Und welche Sauberkeit und Nettigkeit in dem Anzuge der Meisten, denen man begegnet, oder die neugierig an Thür und Fenster treten, wenn die Postkutsche vorbey fährt, auch wohl Freunde und Verwandte erwartend, und mit behülflichen Armen sie von der Decke des Wagens herab hebend. Denn überall gehen auf den Wegen einige Reisende ab, und andere schon Wartende nehmen den Platz wieder ein.

Und wenn man nun der Hauptstadt naht, wie wird mit jedem Schritte der Menschenstrom voller und breiter; wie folgen sich, als gäbe es einen großen Festaufzug, Reiter und Wägen von allen Gestalten! Wie fliegen die Extrapost-Chaisen, geführt von dem in eine leichte Nanquin-Jacke, auch wohl in Seide gekleideten Postillon auf dem Sattelpferde (denn dieser fährt nie vom Bock) vorüber, und lassen selbst die Sechsspänner hinter sich! Wie mahlerisch erscheinen von fern die großen langen Kutschen, oft im Innern von zwölf Personen besetzt, und von Außen von eben so viel weißgekleideten, auf den luftigen Sitzen zusammen gedrängten Genien in Menschengestalt umschwebt. Die Landhäuser des Adels mehren sich an den Seiten der Straße, von großen Parks unterbrochen, wo das Auge zweifelhaft ist, ob es auf dem feinen grünen Sammt des weltberühmten brittischen Rasens, oder der herrlichen Gruppirung der Bäume und ihres wundervoll mahlerischen Laubes länger verweilen soll.

Wie getragen von dem kaum zu beschreibenden Gewühl der Fahrenden und Gehenden, das besonders hinter Romford, zwey deutsche Meilen von dem eigentlichen London, anfängt, und von beyden Seiten schon mit Wohnungen umgeben, kommt man, wie dieß alle Reisende bezeugt haben, in die Stadt (the Town), so heißt London schlechthin, wie Urbs ohne Beysatz Rom bezeichnete — aber ohne recht zu wissen, wo sie beginnt, da von Stadtthoren gar nicht die Rede ist. Es war dunkel geworden, indeß verbarg die schon früh anfangende Erleuchtung fast keinen Gegenstand. Wunderbar ist hier noch der Eindruck, welchen die Stadt in ihrer Größe und Herrlichkeit, ihre Prachtgebäude, ihr immer wogendes Leben, ihre, selbst mit dem was ich auch in den größten Städten, wie Amsterdam, Paris, Kopenhagen, Wien, Venedig gesehen hatte, nicht zu vergleichende Eigenthümlichkeiten, auf jeden machen muß, der zuerst in diese, jetzt von wenigstens zwölfmahl hundert tausend Menschen bewohnte — kleine Welt eintritt. Es ist ein Gemisch von Erstaunen und Beklommenheit. Das Ungeheure erhebt und erdrückt zu gleicher Zeit. Man weiß noch nicht, wie man durch dieß alles hindurch kommen, wie man sich darin zurecht finden wird. Wenn die, welche von ihren Geschäftsreisen nach England zurück kehren, je näher sie kommen, immer fröhlicher und lauter werden, so wird der Fremdling, dem alles neu ist, vielmehr in sich gekehrt, und sehnt sich nach der Einsamkeit und Stille, in der er sich sammeln und vorbereiten könne, auf das was ihn erwartet, ungewiß, ob er nicht körperlich oder geistig alle dem Ungewohnten erliegen werde. Dieß war wenigstens meine Stimmung.

Durch die Fürsorge des in England und Deutschland so bekannten Kunsthändlers Herrn Ackermanns, eines gebornen Sachsen, welcher sich, in den Jahren 1814 und 1815, nebst mehreren trefflichen Männern um Deutschland, nahmentlich um Halle, durch Übersendung milder Beyträge so verdient gemacht hatte, fand ich, in dem Hause meines Reisegefährten, Herrn Bohte, die Adresse eines für mich besprochenen Quartiers vor, das ich auch noch in derselben Nacht in Besitz nahm. Es war in einem, in dem volkreichsten Theile von Westminster, nahe am Strande gelegenen sehr bequemen Kosthause (boarding House), dessen Besitzerinn, die Witwe eines Arztes, stets zehn bis zwölf Zimmer bereit hält, wo man neben der Wohnung ein gemeinsames Frühstück, Mittagstisch und Abendthee unter sehr billigen Bedingungen findet, und für Wochen, Monathe und Jahre einheimisch werden kann. Selbst Engländer fanden den Preis von wöchentlich zwey Guineen (12 Rthlr. 16 Gr.) für dieß Alles höchst mäßig, und ich bin es dem Hause der Mistres Clark in Beauford-Buildings Nr. 11 schuldig, es allen Reisenden zu empfehlen. Ich wünsche ihnen zugleich ein Zimmer hinten heraus. Dann liegt die königliche Themse gerade vor ihnen. Sie haben jeden Abend zur Rechten die Westminster- zur Linken die Waterloobrücke, beyde mit ihrer prachtvollen Gaserleuchtung. Am Tage unterhält sie das unaufhörliche Gewühl der ankommenden schottischen Kohlenschiffe, und die zu schönen Landparthien nach Kew, Richmond, Greenwich ꝛc. vorübersegelnden Boote mit fliegenden Wimpeln und fröhlichen Musikchören. Am Mondabend verwandelt sich die volle Scheibe, in dem Strom gebrochen, in eine strahlende Feuersäule. Wie oft habe ich, nach Mitternacht nach Hause kehrend, noch lange vor diesem großen Schauspiel verweilt! wie oft, wenn die Nachrichten säumten, nach dem Vaterlande in Osten zwischen Wehmuth und Vorahndung der Freuden des Wiedersehens hingeblickt!

Aufenthalt in England.

Was ich in der sehr beschränkten Zeit, an welche ich gebunden war, gesehen, beobachtet, erfahren habe, will ich nun, wie es mir erschienen ist, offen und treu mittheilen. Andere haben manches ganz anders gesehen und anders beurtheilt. Mein eigenes Urtheil, das sich vorläufig aus den frühern Werken über England gebildet hatte, ist selbst durch Anschauen oft ein ganz anderes geworden. Ich habe häufig gefunden, daß man zu eilfertig war, um genau zu sehen, zu eingenommen um unparteyisch zu richten, zu geneigt, alles zu glauben ohne sorgsam zu prüfen, mitunter auch wohl einem witzigen Einfall und einer frappanten Darstellung die strenge Wahrheit aufzuopfern [1].

Unter den ältern Schriften ist Alberti ziemlich entbehrlich geworden. Volkmann [2] bleibt noch immer ein guter Wegweiser und hat wenigstens alles was zu sehen ist, fleißig registrirt, wiewohl er oft gerade da,

---

[1] Dieß scheint mir zuweilen der Fall in Bornemann's Einblicken in England, Berlin 1819, die jedoch auch viele ganz aus der Natur gegriffene Gemählde enthalten, mir selbst eine sehr lehrreiche Unterhaltung gewährt, und mich auf manches aufmerksam gemacht haben.

[2] Neueste Reisen durch England. Leipzig 1781. 4 Theile.

wo man Details erwartet, am kürzesten ist. Andere, wie Faujas St. Fond, Remnich, Young, Gilpins hatten mehr ökonomische, artistische, naturhistorische Zwecke, die außer meinem Plan lagen. — Moritz, ohne zu befriedigen, interessirt durch die Naivität der Erzählung von seinem sehr kurzen Aufenthalt ¹). Archenholz ²) dagegen gibt ungleich mehr, wiewohl vieles nur Skizze bleibt. Den gründlichen Küttner ³), dann Wendeborn ⁴) und Goede ⁵) habe ich bey weitem am brauchbarsten gefunden. Mad. Schopenhauer ⁶) hat auch in ihrer englischen Reise das Talent feiner Beobachtung, das nur hier und da durch persönliche Erfahrungen zur unbilligen Strenge wird, so wie

---

¹) Reisen eines Deutschen in England. Berlin 1785.
²) England und Italien. 5 Bde. Leipzig 1787.
³) Der Zustand des Staats, der Religion, der Gelehrsamkeit und der Kunst in Großbritannien gegen das Ende des achtzehnten Jahrhunderts. 4 Theile. Berlin 1785—1788.
⁴) Beyträge zur Kenntniß vorzüglich des Innern von England und seiner Einwohner. 1—16. St. Leipzig 1791 ff.
⁵) England, Wales, Irland und Schottland. Erinnerungen an Natur und Kunst auf seiner Reise 1802 und 1803. 5 Theile. Dresden 1807. Eine neue Ausgabe ist von Herrn D. Vogel, der selbst England besucht hat, zu erwarten.
⁶) Erinnerungen an eine Reise aus den Jahren 1803 und 1805. Rudolstadt 1813.

einer lebendigen Darstellung dessen, was sie sah, bewährt. In dem Gallo=Amerikaner Herrn Simond [7]), kann man die Lebendigkeit des französischen Charakters, ob er wohl mehrere zwanzig Jahre in Amerika gelebt hatte, nicht verkennen. Aber sie wird durch den Ernst und die Wahrheitsliebe des halb nationalisirten Engländers gemäßigt. Hr. Pr. Spieker's Reisebeschreibung beschränkt sich in den bis jetzt erschienenen Theilen auf eine sehr genaue Topographie [*]).

Ich selbst habe bey meinem Besuch keine abgeschlossene Zwecke und Plane, noch viel weniger, wie man hier und da gemeint hat, besondere Aufträge gehabt. Das merkwürdige Land von so vielen Seiten und auf so vielen Puncten, als es in kaum zwey vollen Monathen möglich war, kennen zu lernen, blieb das Ziel meines Strebens, und bey ununterbrochener Gesundheit und sorgfältiger Benutzung jeder Stunde, ist es mir fast über Erwarten gelungen, sehr Mannigfaltiges zu sehen und zu hören. Durch Gegenstände, zu denen ich zu wenige Kenntniß mitbrachte, habe ich mich nicht zer-

---

[7]) Reise eines Gallo=Amerikaners durch Großbritannien. 2 Thle. Deutsch von Schlosser. Leipzig und Altenburg 1817.

[*]) Spieker's Reise durch England, Wales und Schottland im J. 1816. 2 Bde. Mit Kupfern.

streut. Dadurch verliert man Zeit; man ermüdet sich ohne Genuß, und hat keinen Gewinn, als eitel rühmen zu können, nichts ungesehen gelassen zu haben. Natürlich zog mich das, was die **geistige** und **religiöse Bildung** der Nation betraf, folglich alles, wodurch diese erreicht ward, und worin sie sich kenntlich macht, am meisten an. Über manches dieser Art hoffe ich daher eine genauere Auskunft geben zu können, als andere Reisende, die zu schnell darüber hin eilen oder es gar nicht berühren.

Bey Vielem, was mir im lebhaftesten Andenken blieb, erneuert sich zugleich das Bild eines ausgezeichneten Mannes, des Herrn Baron de Geer, Greffier bey der zweyten Kammer der General-Staaten, dessen Bekanntschaft ich auf der Seereise im Packetboot machte, und mit dem ich in England sehr viele unvergeßliche Stunden auf gemeinschaftlichen Wanderungen und Landparthien verlebt habe. Seine durch Studium und auf vielen Reisen erworbenen Kenntnisse der Natur, der Kunst und der Wissenschaft, sein warmes Interesse an allem, was auf die Veredlung des gesellschaftlichen Zustandes und die Erhebung der Menschheit Einfluß hat, die anspruchslose Bescheidenheit und Milde seiner Sitten, endlich auch die Ähnlichkeit unserer Ansichten und Urtheile, knüpften bald ein engeres Band, das, wie ich sicher hoffen darf, auch die Trennung nicht lösen wird. In England waren wir, wo es irgend unsere nur hier und da verschiedenen Zwecke erlaubten, unzertrennlich. Er blieb einige Wochen länger zurück, um tiefer in das Land zu gehen, und wir erleichterten uns beyde den Abschied durch die sichere Hoffnung, uns noch einmahl in Deutschland wieder zu finden, da ihm, sobald die General-Staaten nicht versammelt sind, seine unabhängige Lage erlaubt, öftere Reisen zu machen.

Die Zeitfolge, in welcher ich das Einzelne gesehen und beobachtet habe, ist für den Leser von keiner Bedeutung. Ich verlasse daher von nun an die Form eines Tagebuchs, und ordne die Bemerkungen nach den Hauptgegenständen, die sie betreffen.

London.

Schon auf der Überfahrt wurde zwischen Einigen, welche zum ersten Mahl die Reise machten, hin und her berathschlagt, welche Merkwürdigkeiten von London man zuerst sehen wolle. Als das Ziel erreicht war, erschien, mir wenigstens, alles anders. In dem Anschauen des großen Ganzen verschwindet für's erste das

Einzelne. Man hat nicht Zeit, an das Entfernte zu denken, weil schon das Nächste die ganze Aufmerksamkeit fesselt. Man weiß auch, daß die großen Prachtstücke, die Westminsterabtey, die St. Paulskirche, die Börse und der Hafen u. s. w. Einem nicht entgehen werden. Aber das immer wogende Leben und Weben, in das man sich auf Einmahl versetzt sieht, das sich immer erneuet und doch immer verschiedenartig gestaltet, davon kann man sich nicht losreißen, das möchte man festhalten.

Überdieß ist es gewiß wohlgethan, ehe man bey dem Einzelnen verweilt, sich in der ungeheuern Stadt einiger Maßen zurecht finden zu lernen. Man kann dann erst verständige Plane machen, kann der oft zudringlichen und eben so oft verkehrten, ja wohl gar nicht mit einander vereinbaren Rathschläge Anderer, welche Gegenstände man beachten müsse, bald entbehren; kann sich am Abend oder Morgen des Tages, Leigh's Gemählde von London *) in der Hand, seine Tages=

---

*) Leigh's new picture of London, or a view of the political, religious, medical, literary, municipal, commercial and moral state of the Metropolis. London 1819. (3 Thle.) So heißt die sehr vollständige Anweisung für Fremde, die mit vielen Kupfern und einem genauen

ordnung entwerfen, und darf nur hier und da die Erfahrnern zu Hülfe nehmen. So kann man auch der lästigen und theuern Begleitung der Lohnbedienten überhoben seyn. Wer sich nicht selbst in einer unbekannten Stadt die Wege heraus findet, immer nur, weil er ganz sicher ist den Weg nicht zu verlieren, dem Führer nachgeht, und darüber das Umsehen und genaue Ansehen von Allem, was ihm begegnet, vergißt; wer nicht eben durch Irregehen auch zuweilen in Gegenden geräth, an die er nie gedacht, die niemand ihm gezeigt hätte, wiewohl gerade sie für den Beobachter manch eigenthümliches Interesse haben können: der bekommt schwerlich eine lebendige Vorstellung des Ganzen, oder nimmt doch zu wenig sinnliche Bilder in sich auf, um sich durch sie wieder zurück zu rufen, was und wo er es gesehen hat.

London hat bekanntlich drey Haupttheile. Die Altstadt oder City zieht sich von Osten nach Westen, die Themse entlang, hinauf bis an Temple Bar. So heißt das sie absondernde Thor, jenseits dessen in einer fortlaufenden Straße Westminster an-

---

Plan von London ausgestattet, alljährlich neu gedruckt erscheint.

fängt, und das nur bey gewissen hochfeyerlichen Gelegenheiten, z. B. vor Krönungsfesten, mit gewissen Ceremonien geschlossen und wieder geöffnet wird. Westminster bildet die ganze westliche Hälfte. Es umfaßt bey weitem die schönsten und geräumigsten Straßen und Plätze. Jenseits der Themse, südlich, liegt das, jetzt durch fünf prächtige Brücken mit der City und Westminster verbundene Southwark. Wo man auch seine Wanderungen anfange, überall stößt man auf Neues und Unerwartetes, so wie London überhaupt als der Mittelpunct aller Eigenthümlichkeiten des ganzen großen Inselreichs zu betrachten ist.

Alle Reisende haben sehr wahr bemerkt, daß, wenn andere Residenzen durch die Pracht ihrer Häuser und Palläste, und selbst, wenn sie so menschenleer und todt wie Potsdam, oder wie Berlin in einigen Quartieren, sind, dennoch beym ersten Anblick durch jene einen imponirenden Eindruck machen, dieß in London weit weniger der Fall ist. Von eigentlichen Pallästen ist hier gar nicht, wie dort, die Rede, oder wie in Prag, Wien, Paris und in den herrlichen, wenn gleich kleinern, italienischen Städten. Selbst die Wohnungen der königlichen Personen führen, den sehr unscheinbaren St. James Pallast ausgenommen, nur den Nahmen von Häusern, z. B. Bukingham-House, wo Georg III. und die Königinn zu wohnen pflegten, Carleton-House, wo der jetzige König schon als Prinz-Regent wohnte, Somerset-House u. s. w. Alle ihre Pracht ist nur im Innern der Zimmer, nie im Äußern zu suchen. Ganz London ist von rothgrauen und weißgrauen Backsteinen erbaut, und äußerst selten sind diese mit Kalk überzogen. Nur bey einigen sehr neuen Gebäuden findet man statt der Ziegel Quadersteine. Durch den Kohlendampf, der besonders im Spätherbst und Winter ganz London einhüllt, bekommen alle sehr bald ein dunkles Ansehen, das nur durch das helle Spiegelglas der Fenster einiger Maßen gehoben wird. Die meisten sind sich völlig gleich; in der Regel sehr schmal. Man geht durch lange Straßen, wo alle Häuser nur ein gemeinschaftliches Dach zu haben scheinen, und bloß durch ziemlich schmale Hausthüren von einander abgesondert sind. Man kann darauf rechnen, daß unter zehn solchen Häusern, im untern Stock sechs bis sieben neben der Thür nur zwey Fenster, in den obern Stockwerken drey Fenster haben. Die Tiefe ersetzt einiger Maßen den Raum. Mehrere an einander gereihte Zimmer gehören zu den Ausnahmen. Jeder bewohnt aber auch sein Haus allein, und nur einzelne Personen, nicht leicht Familien, finden Gelegenheit, sich Zimmer zu miethen.

Denkt man sich daher London, selbst in seinen neuern Quartieren (Plätzen), menschenleer und ohne Handel, so wäre es in der That, und zumahl in den oft äußerst engen Straßen der City, eine dunkle melancholische Häusermasse, in welcher umher zu gehen man sehr bald ermüden würde. Aber wie ganz anders erscheint es doch, wenn das Leben am Morgen beginnt, und erst gegen Mitternacht ruht, und nicht bloß der bewegliche Menschenstrom, sondern auch das Unbewegliche, das sich in zahllosen Formen als das Erzeugniß einer tausendgestaltigen Thätigkeit dem Auge darstellt, überall die Aufmerksamkeit beschäftigt.

Wer hätte wohl nur etwas über London gelesen, und wüßte nicht, daß es gerade diese Ausstellungen der Kaufmannswaaren sind, die der Stadt einen Glanz und den Straßen einen Reiz geben, wovon man in andern Handelsstädten auch wohl etwas, aber doch alles vergleichungsweise sehr im Kleinen erblickt. Es ist nicht bloß die Unendlichkeit der Gegenstände, auch nicht bloß ihre Kostbarkeit; es ist eben so sehr die Art, wie sie dem Vorübergehenden dargestellt, und wie sie dem Schau- und Kauflustigen empfohlen werden. Zu den Hauptstraßen, besonders der City, dann auch, wiewohl nicht in gleichem Grade, in dem Gebieth von Westminster, kann man annehmen, daß der untere Theil fast eines jeden Hauses ein Waarenlager oder ein Kaufmannsladen ist, die dazwischen liegenden Kaffeh- oder Speisehäuser abgerechnet, so daß die zur Straße gekehrte Seite des untern Stocks oft gar keine Mauer hat, sondern bloß von starken eisernen, mit Spiegelglas ausgesetzten Stäben getragen wird. Hinter diesen durch ganze Straßen sich hinziehenden Glaswänden, die bloß die Hausthüren an der Stelle des dritten oder vierten Fensters unterbrechen, und jede Nacht, so wie den ganzen Sonntag, mit tragbaren Läden verschlossen werden, ist nun alles mit größter Gemächlichkeit zu schauen, was theils auf die physischen Bedürfnisse berechnet, theils von dem Kunstfleiß zur Befriedigung aller Arten von Luxus erfunden ist. Das Verschiedenartigste gränzt hierdurch an einander. Wenn das Auge von den großen Silbergewölben, deren Werth oft über hundert tausend Thaler beträgt, oder von den Schätzen der Juwelierer, oder den reichen Stoffen, den Draperien, den kostbaren Shawls, oder den Glas- und Stahlwaaren geblendet ist, so kann es bald wieder auf den kunstvollsten Stickereyen, oder bey den lieblichen Miniaturgemählden, die

als Probestücke der Künstler ausgehängt sind, oder bey
den blendend weißen Cattunwaaren aller Art, selbst an
den zierlich aufgeschichteten Kleider- und Schuhladen
ausruhen, oder sich an den köstlichen Kupferstichen ergetzen, die selten länger als einige Tage dieselben bleiben. An die gewaltige Consumtion erinnern dann
wieder die Eßwaaren; hier die ungeheuern, höchst
zierlich in diagonaler Richtung terrassenartig aufgeleg-
ten, auch wohl von Wurstgehängen umgebenen
Schinken; dort die auf schrägen marmornen Platten
aufgethürmten, durch Eiswasser immer frisch erhaltenen
Seefische aller Art, mit ihrem gähnenden Gebiß;
die Muschelthiere, die Tausende von Krebsen,
vom kleinen zolllangen, bis zum geharnischten Lobster
und Hummer; die Brot- und Küchenwaaren,
die feinen Confitüren und Glacen in geschliffenem
Krystall von allen Gestalten. Den Reisenden, deren täglich in London 10 bis 12,000 ein- und ausströ-
men sollen, biethen sich Koffer, Mantelsäcke,
Schreibzeuge und Reisewirthschaften, in
denen auch das Kleinste nicht vergessen ist, in allen Formen und Farben an. Selbst der Verstümmelte und
Gebrechliche findet reiche Magazine künstlicher, der
Natur sehr nah kommender Hände, Füße, Zehen,

Finger, Augen, Nasen und Wangen, und was
er etwa sonst, verschuldet oder unverschuldet, eingebüßt
haben mag. Nach den Preisen zu fragen hat man selten
nöthig. Denn fast auf jedem Stück ist mit deutlichen
Zügen auf Zetteln und Karten der Preis bezeichnet,
oft mit dringender Empfehlung, „daß es," dieß sind die
gewöhnlichen Ausdrücke, „ausnehmend wohlfeil
(enceedingly cheap), wohlfeiler als je, als irgendwo,
sey, daß es nur, nur so viel, ja wirklich, man sollte
es kaum glauben, nur so viel koste." Auch durch die
großen meist goldenen Inschriften, womit Läden und
Wände der Häuser, oft von oben bis unten, bedeckt sind,
werden die Käufer eingeladen. Fast jeder Verkäufer
rühmt sich der Patronschaft irgend eines königlichen
oder prinzlichen Hauptes, oder versichert, daß er dem
Könige, der Königinn, oder doch einem Prinzen durch sein Patent besonders angehöre. Daher gab
es sogar einen Bug - destroyer to Her Majesty the
Queen, ist zu sagen: Wanzenvertilger Ihrer
Majestät der Königinn, und einen Eselsmilch-
Lieferanten des Prinzen von Wales. Ich
ging täglich vor einem Hause in meiner Nähe vorüber,
wo der berühmteste aller Londoner Stiefelwichs-
Fabricanten seine Waare, mit einer im vierten

Stock anfangenden bis in's erste herab ausgedehnten Inschrift von zwey Ellen hohen goldgelben hölzernen Buchstaben, als die einzige und beste angepriesen hatte. Der tiefe Laden mochte leicht zehn tausend Büchsen von allen Größen und Formen fassen.

Wenn diese Waarenlager und Kaufläden dem Fremden schon am Tage den interessantesten Anblick gewähren, und ihn anfangs fast bey jedem Schritt festhalten, um das Einzelne zu betrachten, so ist die Wirkung noch ganz anders am Abend. Von jeher war die Straßenerleuchtung von London berühmt. Sie ist jetzt im hohen Grade durch den Gebrauch des Gaslichts gesteigert. Dieß reine Licht, das sowohl in den Laternen der Straßen, als in den Läden selbst, sobald es dämmerig wird, brennt, wirft auf alles einen solchen magischen Strahlenglanz, daß man in Feenschlössern umher zu gehen glaubt. Da in vielen tiefen Läden im Hintergrunde und an den Seitenwänden Spiegel angebracht sind, so wiederhohlt sich alles doppelt und dreyfach. Die köstlichen Seidenzeuge, von den brennendsten Farben, mahlerisch neben einander und über einander gelegt, die ostindischen Shawls, die Krystallarbeiten, die pyramidalisch aufgestellten kostbaren und seltensten Früchte aller Länder, die natürlichen und künstlichen Blumen, erscheinen noch einmahl so schön als am Tage. Dazwischen strahlen die großen runden Flaschen und Vasen der Chymisten, wie man die Apotheker nennt, mit hellen rothen, blauen, grünen und gelben Wassern gefüllt, als ob Rubine und Sapphire, Topase und Smaragde in ihnen aufgelöst wären, und erwecken von fern schon die Idee einer festlichen Erleuchtung, da sie doch bloß das Alltägliche sind. Man muß gestehen, daß auf diese Art die Straßen von London jeden Abend ein ganz ungewöhnliches und einziges Schauspiel gewähren, wozu gleichwohl niemand die Entree bezahlen darf.

Und nun, was doch immer bey aller Pracht und Herrlichkeit für den Beobachter das wichtigste bleibt; die hundert Tausende von Menschen, die sich in diesem großen Panorama unaufhörlich hin- und herbewegen!

Selbst an den schönsten Sommertagen sind die Straßen der Hauptstadt bis sieben, selbst acht Uhr sehr menschenleer. Man begegnet fast wenigern Fußgängern als Postkutschen, die zum Theil schon um sechs nach allen Richtungen abgehen, deßgleichen den großen Kohlenwägen, die von sieben ungeheuren, wie sich ein Reisender ganz richtig ausdrückt, rhinocerosartigen Rassen von dem Ufer der

Themse durch enge Gänge nach der Hauptstraße hinauf geschleppt werden, um alle Häuser mit dem Brennmaterial zu versehen. Diese Kohlen sind in starken Säcken neben einander geschichtet, aus welchen sie vor jeder Hausthür durch runde, mit einer **beweglichen Eisendecke** versehene Öffnungen gleich in das Küchen- und Kellergeschoß hinab geschüttet werden, ohne das Innere des Hauses zu berühren. Daneben begegnet man den kleinen Unglücklichen, welche, um die so schnell von Ruß gefüllten Schornsteine zu reinigen, sich in die engen Schlüfte hinauf zwängen müssen, und in dem härtesten und traurigsten aller Geschäfte um ihre schönen Kinderjahre, oft um Gesundheit und Leben kommen. Es ist ein Jammeranblick, wenn man die sieben- bis achtjährigen Knäbchen (vielleicht selbst Mädchen), an denen nichts **weiß** ist als etwa das Auge, die Borstbesen in der Hand, einen Sack auf der Schulter, eine schwarze Binde um den Kopf, ihr kläglich tönendes Swiep! (Kehren!) ausrufen, oder in kleinen Gassen aus den Kellern elender Häuser, wo sie die Nacht zubringen, die kleinen Mohrenköpfe, wie aus einem unterirdischen Nest, heraus stecken und nach Luft schnappen sieht. Zwar hören die Menschenfreunde nicht auf, Mittel auszusinnen, dem Jammer abzuhelfen; dennoch hat der Erfolg ihre

Bemühungen, von denen weiter unten noch einmahl die Rede seyn soll, bis jetzt wenig belohnt. — Fast eben so widrig ist der Anblick der Kleider-Aufkäufer, die Old Cloth's! (alte Kleider!) ausrufend, jeden Morgen die Straßen mit großen Säcken durchziehen; oder gar der schmutzigen Gesellen, die durch ihr gellendes Cats bief! (Katzenfleisch!) zum Futter für Katzen und Hunde, Käufer einladen, und ihnen den ekelhaften Fraß genau zuwägen. In den Fahrwegen der Straßen sind die Gassenkehrer beschäftigt, den Koth wegzuschaffen; vor den Häusern aber die Hausmädchen, die Fußtritte und Steinwege, so weit das Gebieth des Hauses reicht, zu scheuern. Freundlicher erinnern die Milchfrauen, mit ihren reinlichen hölzernen und kupfernen Eimern, an die heran nahende Stunde des Frühstücks.

Nach und nach werden die Kaufläden ihrer nächtlichen Decken entkleidet. Die Lehrlinge sind emsig mit dem Abreiben und Putzen der Glasfenster beschäftigt. Der bunte Waarenschmuck erscheint wieder, ohne daß man noch den Verkäufer gewahr wird. Gerade in der Frühstunde kann man ungestört vom Gedräng alles am gemächlichsten beschauen.

Gegen neun Uhr, und früher noch in der City als in Westminster, mehrt sich die Menschenmenge.

Die Kaffehhäuser füllen sich mit jeder Stunde. Die Tagsblätter sind erschienen, und jeder eilt, des einen oder des andern habhaft zu werden. Die Sitze und Tafeln sind durch fast mannshohe Scheidewände von Mahagonyholz von einander geschieden, und man sucht die leeren Plätze, um desto ungestörter die Neuigkeiten des Tages aus diesen im größten Folioformat gedruckten Zeitungen zu erfahren. Niemand spricht mit dem Andern, wenigstens ist das Gespräch nur leises Geflüster. Um die Mittagsstunde verändern sich die größern Kaffehhäuser in förmliche Bureau's, wo Briefe geschrieben, oft weit mehr Geschäfte als in den Privatwohnungen abgemacht werden, und wo man stets sicher ist, seinen Mann zu finden, weil man weiß, welchen dieser Sammelplätze jeder regelmäßig besucht. Natürlich sind die in der Nähe der Börse und der Bank von allen die besuchtesten.

Die zahllose Menge von Menschen, welche, besonders auf den Hauptstraßen, ihrem Geschäft nachgehend, wie Ebbe und Fluth hin- und herwogen, würde das Gehen im höchsten Grade beschwerlich machen, wenn man nicht zuvörderst durch die etwas erhöhten, an den Häusern fortlaufenden Trottoirs oder Bürgersteige für Fußgänger, von der Fahrstraße gesondert und vor aller Gefahr, von den hin- und herrollenden Wägen verletzt zu werden, gesichert wäre. Dazu kommt theils der äußerst bequeme, daher weniger ermüdende Gang auf diesen ebenen Quadersteinen, theils die allgemeine Sitte, den Entgegenkommenden stets zur rechten Hand auszuweichen, überhaupt aber die anständige Art, sich Platz zu machen, und bey aller Geschwindigkeit des Gehens, da die weiten Entfernungen Männern und Frauen fast den Sturmschritt zur Sitte gemacht haben, nicht leicht an einander zu rennen. Ist man daher gleich in den Hauptstraßen, da der Menschenstrom nie stockt, eigentlich immer im Gedränge, so kommt man doch schnell genug weiter, und hat jeden Augenblick einen andern Anblick vor und neben sich. Entsteht ja eine Hemmung, so hält irgend ein geschmackvoller Kaufladen, wo man eben stehen bleibt, schadlos. Vor einigen der schönsten sieht man immer einen Kreis von Beschauern. Gesellt man sich zu ihnen, so nehme man nur seine Taschen in Acht. Denn gerade diese Momente wissen die Taschendiebe (Pick-pockets), die man in ihrem anständigen Anzuge schwer heraus kennt, zu benutzen, und unter dem Schein, die Waaren zu beschauen, ihr Händespiel gar künstlich zu treiben.

Was man in den großen Straßen von Fußgängern

sieht, hat fast ohne alle Ausnahme den Anschein von
Wohlhabenheit. Ärmlichkeit und Schmutz, woran
es auch in London nicht fehlt, erblickt man häufiger in
den kleinen Straßen der City, oder auf größern Märkten und Plätzen. Dort hingegen ist fast Jeder wohlgekleidet; die Männer im Durchschnitt schwarz, und stets
in sehr weißer Wäsche, denn dieß ist unerläßlich, um
als ein Gentleman zu erscheinen, — die Frauen ohne
Ausnahme in Hüten und sehr zierlich angezogen, recht
eigentlich geputzt, als ob sie eben in Gesellschaft gehen
wollten. Man erzählt sich, daß selbst dem Kaiser von
Rußland nichts so sehr in London aufgefallen sey, als
die große Menge wohlgekleideter Männer und Frauen.
In einigen Gegenden, wo die Prachtläden sind, wie
Bonstreet, Oxfordstreet, legen sich in den Stunden von zwölf bis drey Uhr alle Erfindungen der
Mode, des Luxus und der Kleiderpracht in dem Anzuge
der Damen aus. Diese machen denn, oft mehr zu schauen
und geschaut zu werden, als zu kaufen, Ladenfahrten oder Ladengänge (a Shopping nennen sie es),
und unter sie mischen sich die jungen und alten Elegants,
mitunter auch Incroyables. Denn nicht in Paris allein
sind diese Thorheiten zu Hause. Sah ich doch mehr als
Einen gehend und reitend, der statt des gesunden Auges

sich ein Glasauge, ich weiß selbst nicht mit welchem wunderlichen Mechanismus, angeklemmt hatte, und damit alle Vorübergehende lorgnirte. Überhaupt findet der Physiognom und Menschenbeobachter hier Stoff wie sonst nirgends. Denn wo begegnet ihm wohl der Verstand und der Unverstand, die Bescheidenheit und der stolze Dünkel, der Müßiggang und die anspruchslose Thätigkeit, das Häßliche und das Schöne, letzteres jedoch hier wirklich in beyden Geschlechtern vorherrschend, in so mannigfaltigen Gestalten? Wo fände er mehr Anlaß, über den tausendartigen Gebrauch und Mißbrauch menschlicher Kräfte Betrachtungen anzustellen?

Mitten in dem so beweglichen Leben der Straßen und Plätze stößt man indeß auch oft auf unbewegliche Gestalten. Da sieht man Männer, die wie Laternenpfähle an hohe Stangen gelehnt sind, an denen oben eine Tafel befestigt ist, welche Sehenswürdigkeiten, „fremde Thiere, Riesen und Zwerge, Lotterien, bey denen Tausende zu gewinnen seyn sollen, ohne etwas zu verlieren, Panorama's, Concerte," ankündigt, indeß Andere, die dergleichen Tafeln auf den Rücken geheftet haben, sich ganz langsam damit fortbewegen.

Beängstigend wird das Gedräng, wenn sich ein Aufzug irgend einer Gilde in phantastischen Gestalten,

mit Fahnen und Musik naht, und vor' den Läden und
Wohnungen der Meister oder Kaufleute, für die sie arbeiten, verweilt, um einen Ehrenlohn zu empfangen.
Alles strömt dann herbey; denn in der Neugier steht
das Londoner Volk mit den Bewohnern aller Residenzen
wenigstens auf ganz gleicher Stufe.

Ähnliches Menschengewühl sieht man zwar zu gewissen Zeiten in allen großen Städten, und überall, wo es
etwas zu sehen gibt. Das Eigenthümliche in London ist aber, daß es nie abreißt. Ein Fremder, der des
Nachts angekommen war, und gegen Mittag aus seinem
in einer Hauptstraße gelegenem Logis trat, blieb, als er
dieß Hin = und Herströmen erblickte, erstaunt in der
Hausthüre stehen, um, wie er hernach erzählte, die Menschen erst vorbey zu lassen. Es verging eine Stunde
und noch eine Stunde — bis ihn endlich ein Freund
fand, und ihn versicherte, er könne bis an den Abend
stehen, und erst gegen die Nacht werde es enden. Er
hatte nähmlich fest geglaubt, irgend ein Schauspiel,
etwa eine Hinrichtung, sey die Veranlassung so gewaltigen Drängens und Treibens der Menge. — Freylich,
wenn Hängetag ist, dann ist auch das Gedräng unbeschreiblich, wenigstens in der Nähe von Newgate.

Der Fahrweg wird in Hauptgegenden der Stadt

nicht nur nie leer, sondern füllt sich im Gegentheil oft
so sehr, daß man zu Fuß weit schneller vorwärts kommt
als im Wagen, indem häufig so viel Post = und Mieth=
kutschen, Cabriolets und ungeheure Lastwägen zusam=
men stoßen, daß man, besonders zwischen dem Thor
(Temple = Bar), das aus Westminster nach der Alt=
stadt führt, nicht selten still halten muß, bis es endlich
den bewundernswürdig geschickten Wagenlenkern möglich
ist, durchzukommen. Die zwey = und viersitzigen Mieth=
kutschen führen den Nahmen Hackneys; man strei=
tet, ob von einem sehr angebauten und von Städtern
bewohnten Dorf Hacknay, oder von dem englischen
Wort to hackney (vermiethen). Man findet sie in allen
Hauptstraßen und Plätzen vom Morgen um neun bis
nach Mitternacht. Ich weiß die Zahl nicht genau, aber
wohl, daß ich mehrmahls in Nr. 700, Nr. 920, einmahl
sogar in Nr. 1108 fuhr. Denn alle haben ihre Nummern
von außen, inwendig aber an der Decke. Dadurch ist
gesorgt, daß man dem Kutscher, wenn er seine sehr streng
vorgeschriebene Pflicht nicht thut, z. B. sich vom Bock
entfernt hat wenn man ihn verlangt, oder mehr fordert
als ihm zukommt — d. i. für eine englische Meile, oder
ungefähr einen Weg von 25 Minuten, 8 Gr., — bey
der Polizey belangen, ja sogar die Hälfte des Straf=

geldes für sich bekommen kann. So groß die Zahl dieser Hackneys ist, und zwischen so vielen man bey trockenem Wetter wählen kann, so fehlt es dennoch oft ganz daran, sobald Regenschauer eintreten, was sehr häufig, selbst an schönen Tagen, der Fall ist. Schnell fährt man selten; die Pferde sind doch abgetrieben und contrastiren mit den zum Theil sehr schönen Wägen, welche die Remisen der reichsten Lords, die fast jährlich neue Equipagen kaufen, mit dieser Bestimmung vertauschen. Man thut daher wohl, ehe man den Kutscher ruft, sich die Pferde anzusehen. Denn einige sind auch vortrefflich gepflegt.

Früher wird es in der Mitte der Straße, später auf den Fußwegen still. Diese sind, da die Erleuchtung der Kaufläden und das Gaslicht der Laternen die Nacht zum Tage macht, oft um neun und zehn noch so voll wie um Mittag, und sie werden es vorzüglich noch einmahl, wenn die Schauspiele gegen zwölf Uhr, auch wohl später, geendet haben. Dann verhallt allmählig das Getümmel. Alles kehrt aus Tabernen und Kaffehhäusern in seine Wohnungen. Schon von neun Uhr an nehmen die Nachtwächter (Watchmen) ihren Stand mit Pieken und Schießgewehr an den Straßenecken, und rufen vernehmlich die Stunden, gegen Morgen auch das

Wetter ab. (Wie ist die Glocke! Trüber Himmel! Heiteres — regnichtes Wetter!)

Kommt man nach Mitternacht zurück, so begegnet man nur noch Einzelnen, die vielleicht den Heimweg nicht finden können, oder keine Herberge wissen.

Sitten und Lebensweise in England.

Wenn man die unendliche Menge der Stufen berechnet, auf welchen selbst in allen civilisirten Ländern die einzelnen Menschen stehen, und wie gewisser Maßen eine jede derselben einen so bedeutenden Einfluß auf den Charakter und die Sitten, folglich auch eine eigene **Lebensform** zur natürlichen Folge hat, so leuchtet ein, wie schwer es sey, ein **allgemeines Bild von den Sitten und der Lebensweise** eines Volks zu entwerfen. In unserm eigenen deutschen Vaterlande darf man ja oft nur dreyßig bis vierzig Meilen reisen, um darin die größte Verschiedenheit gewahr zu werden; ja selbst in jeder Stadt — welch ein ganz anderer Charakter ist das Leben in den **höchsten Ständen**, in dem **Mittelstande** und in den ärmern Volksclassen! Die höchsten sind sich fast überall gleich, und wer ein paar Höfe von bedeutendem Rang gesehen hat, hat sie ziemlich alle gesehen.

Indeß ist es vielleicht, gerade wenn von England die Rede ist, weniger schwierig, gewisse Züge aufzufassen und treffend darzustellen, als in dem durch Lage, Klima und Regierungsform seiner einzelnen Theile so vielgestaltigem Deutschland. Die Volksthümlichkeit der Britten ist hervor springender, alles ist sich offenbar ähnlicher, und selbst die drey Reiche Großbritanniens, das eigentliche England, Schottland und Irland, begegnen sich doch häufig, wie in der Sprache so in den Sitten. Da überdieß gerade das zu dem Eigenthümlichen des brittischen Charakters gehört, daß er höchst beharrlich und besonders sehr anhänglich ist an das Übliche und Hergebrachte, so stehen auch viele Formen fester als bey Franzosen und Deutschen. Übt gleich auch in dem Inselreich die Mode ihre Herrschaft, so regiert sie doch wieder mehr Alle zugleich, und wenn einmahl etwas durch sie zur Sitte geworden oder von den Tongebern als das Beste, Schicklichste, Gefälligste (fashionable) anerkannt ist, so wird es auch alsbald von Allen dafür angenommen, die nicht als Sonderlinge erscheinen wollen.

Eben daher darf ich hier am wenigsten hoffen, vielen Lesern etwas Neues zu sagen. Die Berichte so vieler, auch neuer Reisenden sind allbekannt, und wenigstens im Ganzen sehr übereinstimmend. Bin ich doch auch viel zu kurz in dem Lande gewesen, um die dortigen Sitten und Lebensweisen in allen ihren Gestalten betrachten zu können. Ich habe mich wohl bemüht, mich mit möglichst vielen und den verschiedenartigsten Menschen aus allen Ständen zu berühren, und dieß ist mir auch gelungen. Ich habe die kleinen ärmlichen Quartiere in der City, in Southwark und St. Giles, wo die niedrigsten Classen hausen, so wenig als die Prachtgegenden zu besuchen versäumt. Aber der Figuren sind doch zu viel, um ein so großes Gemählde ganz genau ausführen und vollenden zu können. Auch müßte man dazu das Talent der edelsten Geschichtsmahler, eines West, einer Angelika mit dem eines Tennier oder der Meister der Carricaturen, Hogarth, Gilray und Rowlandson in sich vereinigen. Begnüge man sich also mit einzelnen Andeutungen.

Den Hauptunterschied der Sitten macht, wie überall, die Verschiedenheit der Stände. Jedoch ist es gerade in England schwerer als in andern Ländern und Städten, diese Verschiedenheit äußerlich wahrzunehmen. Dieß ist schon bey der Kleidung der

Fall. Die männliche Tracht zeichnet die höchste Einfachheit aus. Die Güte des Stoffs ist freylich verschieden; aber was in's Auge fällt, wenn man den Staatsminister, den reichsten Lord, den Kaufmann, den wohlhabenden Handwerker, den Commis im Comptoir, auf der Straße oder in Gesellschaft erblickt, ist durchaus dasselbe, und im gewöhnlichen, auch gesellschaftlichen Leben, bloß die Hofgalla ausgenommen, wird davon keine Ausnahme gemacht. Nie habe ich in den volkreichsten Straßen irgend jemand wahrgenommen, der sich durch ein äußeres Abzeichen, eine besondere Uniform, eine Ordens-Decoration oder dem ähnliches unterschieden hätte. Was bey uns zu tragen eine Art von Pflicht ist, würde dort Aufsehen machen, und vielleicht vor dem Spott und Gelächter des Volks nicht sicher seyn. Man erinnert sich vielleicht, wie es unserm Campe nach seinem eigenen Bericht ging, als er sich im Überrock auf der Straße sehen ließ, oder als er statt des dort üblichen Huts, mit dem man zur Aufwartung bey vornehmen Personen geht, ein kleines seidenes Armhütchen genommen hatte *). „Zufällig" — so erzählte mir selbst in Lon-

---

*) Campe's neue Reisebeschreibungen für die Jugend. 4. Theil S. 233.

don ein Bekannter von ihm den Auftritt — „zufällig stehe ich gerade an meinem Fenster, und sehe wie ein stattlicher Mann, umgeben und verfolgt von einer gewaltigen Menge von Alten und Jungen, Männern und Weibern, daherschreitet, und sich verlegen und verwundert umsteht. Glücklicher Weise erkenne ich bald meinen angekommenen Freund, und habe nun nichts eiligeres zu thun, als hinunter zu eilen, ihn in meine Wohnung einzuladen und ihn dringend zu bitten, sich durch Bequemung in das Übliche nie diesen Unannehmlichkeiten wieder auszusetzen."

Nicht anders ist es mit dem Anzuge der F r a u e n. Der innere Gehalt und die Kostbarkeit, nicht die Form, nicht die Art sich zu tragen, macht den Unterschied. Es ist schon bemerkt, daß man in gewissen Gegenden der Stadt lauter vornehme Leute zu sehen glaubt, wie sehr sie auch sonst an Rang und Besitz sich ungleich seyn mögen; weil im gewöhnlichen Leben die letzte Kammerjungfer wie die reichste Lady den Hut und das schneeweiße Mousselinkleid trägt, und nur bey sehr feyerlichen Gelegenheiten, bey Prunkmahlen, und nahmentlich in der i t a l i e n i s c h e n O p e r, aller Glanz der Kleiderpracht ausgelegt wird. In letzterer dürfen selbst die Männer nur v ö l l i g a n g e z o g e n — in full dress, wie man es

nennt — also auch nur in Schuh und Strümpfen er=
scheinen, wenn sie nicht beym Eintritt zurück gewiesen
seyn, oder die Gallerie wählen wollen.

Glaube man aber deßhalb nicht, als ob bey aller
jener Einfachheit der Kleidungsartikel für etwas Un=
wesentliches gehalten würde. Im Gegentheil hat nicht
nur, wie unter uns, bey den Hofleuten oder dem ho=
hen Adel, sondern bey allen einiger Maßen Wohlhaben=
den, auch jede Tageszeit ihr eigenes Costume.
Selbst wenn man ganz in der Familie lebt — und dieß
ist bey der beschränkten Gastfreyheit in der Regel der
Fall — kleiden sich besonders die Damen eigen für
das Frühstück, eigen für das Ausgehen oder
Ausfahren, wo ein großer Hut, Umschlagetuch oder
Shawl ganz unerläßlich sind, um nicht angestaunt oder
verspottet zu werden; dann wieder eigen für die Mit=
tagsmahlzeit, wo auch der Kaufmann seinen Comp=
toir = oder Börsenrock auszieht. Mehrere deutsche
Frauen habe ich über diese ermüdende, zeitraubende
Förmlichkeit klagen gehört, die auch überdieß sehr kost=
bar ist, da die fleckenloseste Reinheit des meist weißen
Hausanzugs verlangt wird. Überdieß gehören Mode=Jour=
nale und Modeabbildungen zu der allgemeinen Lectüre
in den Zirkeln der feinern Welt, so gut wie in Paris,

Wien und Berlin, und Herrn Ackermanns monathlich erscheinendes Repository of arts, literature, London female fashions, ist gewiß ein vortrefflicher Verlagsartikel.

Die täglichen Lebensweisen in den Familien der gebildeten Stände, selbst die äußern Formen derselben, sind sich ebenfalls so gleich, daß, wer sie in einigen Häusern beobachtet hat, sie so ziemlich alle kennt.

Aus dem Vorigen weiß man schon, daß der Tag weit später als bey uns anfängt. Vor acht Uhr wird es fast in keinem Hause lebendig, weil es so spät Nacht wird. Vor neun Uhr war selbst in meinem Logis, so gefällig die Wirthinn und die Bedienung war, doch an keine Tasse Thee oder Kaffeh zu denken, was um so lästiger ward, da die rasselnden Kohlenwagen gewöhnlich sehr früh den Schlaf verscheuchten. Punct neun gab dann eine in allen Stuben hörbare Glocke das Zeichen, daß man sich in dem untern Zimmer versammeln solle. Für manche Hausgenossen schien es, nach ihrem spätern Erscheinen zu urtheilen, erst das Zeichen zum Aufstehen gewesen zu seyn. Die Hausfrau nebst ihrer Tochter und einigen fremden Damen, wenn sie sich nicht das Frühstück auf das Zimmer bringen ließen, präsidirten dann, schenkten Thee oder Kaffeh ein, und der Sohn

des Hauses besorgte das Übrige. Eine Zeitung ging
langsam herum. Die Unterhaltung war selten lebhaft.
Ich zog daher sehr bald vor, mich in eines der sehr nahe
gelegenen Kaffehhäuser zu begeben und dort das Frühstück einzunehmen. Denn da war ich mein eigener Herr,
und fand alle Hauptzeitungen zu meiner Unterhaltung.
Kam ich indeß vor neun Uhr, so sahen die Waiters
(Marqueurs) gewöhnlich noch sehr mitternächtig aus,
rieben sich die Augen, polirten erst die Mahagonytische
und schienen froh, mir die neuesten Tagesblätter, gewöhnlich noch ganz naß, hinreichen zu können, um Zeit
zur Bereitung des Frühstücks zu gewinnen, und zugleich
das Ihrige erst gemächlich zu genießen.

Übrigens gehört das gemeinschaftliche Fa-
milienfrühstück (breakfast) zu den unverrückten
Ordnungen des Tages. Auch werden wohl Freunde und
Fremde dazu eingeladen. Ist die Familie religiös, und
davon findet man die Beyspiele in allen Ständen, so wie
die königliche selbst in den guten Tagen Georgs III.
keine Ausnahme davon machte, so geht dem Frühstück
das Morgengebeth voran, wie es das kirchliche
Gebethbuch vorschreibt. Ich habe in mehrern angesehenen Häusern dabey nicht nur den ganzen Familien-
kreis, sondern auch die ganze Dienerschaft gegenwärtig

gefunden. Der Hausvater las die Gebethe; war eben ein Geistlicher zugegen, auch wohl dieser. Es füllte den Zeitraum einer kleinen Viertelstunde. Den meist runden Tisch bedeckt ein schneeweißes Tuch. Das Thee- und Kaffehgeräth steht wohlgeordnet in der Mitte. Im einfachsten aber zierlichsten Anzuge sitzen die Familienglieder umher. Die Hausfrau, oder auch der ältesten Töchter Eine, bereitet mit vieler Umständlichkeit und Fürsorge, daß er vortrefflich gerathe, den Thee, oder schenkt, je nachdem es jeder wünscht, den Kaffeh ein. Über dem Kaminfeuer, das man selbst im Sommer selten in großen Zimmern vermißt, siedet der blanke Kessel. Nicht minder ist für das Essen gesorgt. Man hat die Wahl zwischen dem feinsten weißen Brot, oder am Feuer gerösteten, von beyden Seiten mit Butter bestrichenen Brotschnitten (toasts), mohnblätterartigen Buttersemmeln, weich oder hartgekochten Eyern, auch wohl mancherley zierlich aufgeschnittenen Fleischspeisen, allerley Marmeladen, selbst Früchten zum Eintauchen in Rahm, kleinen Krebsen und was nicht sonst noch mehr. Alles das ist offenbar auf das späte Mittagsessen berechnet, und will daher dem, der an die frühere Zeit gewöhnt ist, anfangs viel zu reichlich dünken. Wenn jeder Gast mit großer Aufmerksamkeit besorgt ist, wenn der in, nicht wie bey uns über, die Obertasse gelegte Löffel, und Messer und Gabel auf dem Teller, andeutet, daß man nichts mehr bedürfe, dann erst wird das Gespräch lebhafter. Auch die Tagsblätter geben den Stoff, oder aus eingegangenen Briefen wird etwas mitgetheilt. Nach anderthalb Stunden, auch wohl früher, entfernt sich dann jeder zu seinem Geschäft.

So habe ich die englische Morgensitte nicht bloß in den Häusern der Reichen, fast eben so im Mittelstande, und selbst bey mehrern Gelehrten in Oxford und Cambridge gefunden. Am lebhaftesten schwebte mir bey obiger Beschreibung das Frühstück vor, zu dem ich von einem Parlamentsmitgliede, Herrn Wilberforce, diesem kühnen Bekämpfer des die Menschheit entehrenden Sclavenhandels, dem schon so viele Tausende ihren bessern Zustand zu verdanken haben, in seinem schönen, von einem lieblichen Garten umgebenen Wohnhause eingeladen war, und das durch einige eben aus beyden Indien gekommene Gäste noch interessanter wurde. Noch oft werde ich dieser Stunden und des Mannes gedenken, der, umgeben von einer blühenden Familie, einer auserlesenen Bibliothek und allen Gemächlichkeiten des Lebens, dabey im Besitz der Achtung der edelsten Menschen in allen gesitteten Ländern, so heiter auf sein schönes Tagewerk zurück blicken kann. Mehr von ihm in der Folge.

Zwischen dem Frühstück und dem Mittagsessen liegt in der Regel ein sehr langer Zeitraum von sieben bis acht Stunden. Es tritt daher in sehr vielen Häusern um Ein Uhr ein zweytes Frühstück, Londsch (Lunch) genannt, ein, wo man kalte Speisen nebst einem Glase Porterbier oder Wein genießt, was aber kaum mehr als eine halbe Stunde wegnimmt. Wer nicht in einer Familie lebt, geht wohl in die Kaffeh- oder Speisehäuser, in welchen um diese Zeit wenigstens ein Teller Suppe nebst Cotelet̃s, Pastetchen und beef stakes zu finden sind. Nicht täglich, aber doch oft lieset man auch an den Fenstern mit großen Buchstaben Turtle, d. i. Schildkrötensuppe, angekündigt. Wer Lust hat, 1½, auch wohl zu Zeiten 2 Thaler an eine solche zu wenden, kann, wie man mir gesagt hat, so ziemlich das Mittagsessen entbehren, was sogar schon bey der Mock-Turtle-Suppe (einer aus andern Fleischspeisen bereiteten Nachahmung) der Fall ist, die man für 8 bis 10 Gr. haben kann. In sehr großer Menge bringen die Schiffe die Schildkröten aus Flüssen und Meeren mit. Die Aufkäufer haben ganze Höfe voll, worin sie heerdenweise umher kriechen und für den lüsternen Gaumen gemästet werden.

Die Hauptmahlzeit fängt frühestens um vier, meist um fünf, in hohen Häusern kaum vor sieben Uhr an. Auf der Einladungskarte wird die Stunde bemerkt. Wie es dabey zugeht? Wie die Speisen in der Regel beschaffen und zubereitet sind? — Hier fühle ich die Ungeübtheit meiner Feder für Gegenstände dieser Art. Aber glücklicher Weise hilft mir eine deutsche Frau, Madame Schopenhauer, aus der Verlegenheit, welche im Jahre 1805 England besuchte. Die folgende Beschreibung einer englischen Mahlzeit, die ich mit ihren eigenen Worten, jedoch mit manchen Abkürzungen und kleinen in ( ) eingeschlossenen Zusätzen, mittheile, paßt zunächst auf ein recht bemitteltes Haus. Aber die Hauptzüge findet man doch eigentlich, nur etwas stärker oder schwächer, in allen guten Häusern wieder. Vorläufig gestehe ich, daß mir, mit Ausnahme einiger sehr schönen Familienkreise, und diese meist in deutschen oder halbdeutschen Häusern, die Eßstunden für Körper und Geist fast am allerwenigsten wohlgethan haben. Auch will ich, ehe ich Mad. Schopenhauer reden lasse, nur voraus schicken, daß die Gesellschaft meist kleiner ist, als sie bey unsern Gastmahlen zu seyn pflegt. Ich erinnere mich kaum eine über zwölf bis sechzehn Personen gefunden zu haben; oft noch weniger. Ein

Grund liegt in der Enge der Wohnungen auch vieler sehr reicher Leute. Auf den Landsitzen ist es zwar anders. Aber man hat mich versichert, daß auch da eine Gesellschaft von achtzehn bis zwanzig Tischgästen das höchste sey, und man, die feyerlichen diplomatischen Diners und die großen Routs abgerechnet (wovon im zweyten Theil, von den sogenannten großen Abfindungen, um nicht ein gemeineres Wort zu gebrauchen, nichts wisse, wie denn überhaupt mehr Verwandte und Nachbarn auf den Fuß wären, bey einander zu essen. Doch zur Mahlzeit!

„Die Tafel," sagt unsere Reisende, „steht, wenn man in's Speisezimmer (the dining room) eintritt, servirt da, doch meist ohne Servietten. Das Tischtuch hängt bis auf die Erde herab, und Jedermann nimmt es beym Niedersitzen auf's Knie, und handhabt es, wie bey uns die Serviette. Die Dame vom Hause thront in einem Lehnstuhl am obern Ende der Tafel, ihr Gemahl sitzt ihr gegenüber unten am Tisch; die Gäste nehmen auf gewöhnlichen Stühlen zu beyden Seiten Platz, so viel möglich in bunter Reihe, nach der Ordnung, die ihnen vom Herrn des Hauses vorgeschrieben wird. Alle Gerichte, welche zum ersten Gange gehören, stehen mit Blechglocken bedeckt auf der Tafel. Die Dame servirt die, reichlich mit Cayenne-Pfeffer gewürzte, übrigens ziemlich dünne Suppe, nachdem sie jeden Tischgenossen nahmentlich gefragt hat, ob er welche verlange? (Im gewöhnlichen Leben gehört die Suppe zu den Seltenheiten.) Ein paar Hausfreunde helfen sodann dem Herrn und der Frau vom Hause im Vorlegen der Schüsseln. Alle werden nach der Suppe zugleich servirt, nicht nach der Reihe, wie in Deutschland. Sie bestehen gewöhnlich aus einem großen Seefisch, Lachs, Kabliau, Steinbutte oder dergleichen, der, beym Kochen gesalzen, noch vortrefflicher wäre, aus Puddingen, Gemüsen, Tarts und allen Gattungen von Fleisch und Geflügel, ohne Salz, Butter oder andere fremde Zuthat, in eigener Brühe gedämpft, geröstet, gebraten oder gekocht. Nur der Pfeffer ist nicht daran gespart. Hat man über eine solche Schüssel einen dünnen, trockenen Butterteig gelegt, so beehrt man sie mit dem Titel einer Pastete. Die halbrohen Gemüse müssen ganz grün und frisch aussehen, erst bey der Tafel thut Jeder auf seinen Teller nach Belieben geschmolzene Butter daran. Kartoffeln fehlen bey keiner Mahlzeit, sie sind vortrefflich, bloß im Wasserdampf gekocht. Die Puddinge aller Art wären auch sehr gut, nur sind sie oft zu fett, fast nur aus Ochsenmark und dergleichen zusammen gesetzt. Die

Tarts, der Triumph der englischen Kochkunst, bestehen aus halbreifem Obst, in Wasser gekocht und mit einem Deckel von trockenem Teige versehen. Die Pickels, welche den Braten begleiten, eigentlich alle Arten Gemüse, Mais, unreife Wallnüsse, kleine Zwiebeln und dergleichen mit starkem Essig und vielem Gewürz eingemacht, sind vortrefflich. Mit diesen, so wie mit der Soja und andern picanten Saucen, die hier im Großen fabricirt und verkauft werden, treibt London einen großen Handel durch die halbe Welt. Diese Saucen, Senf, Öhl und Essig stehen in zierlichen Plattmenagen zum Gebrauch der Gäste da, so wie auch immer für zwey Personen ein Salzfaß. Der Salat wird von der Dame vom Hause über Tisch mit vieler Umständlichkeit bereitet und klein geschnitten; er besteht aus einer sehr zarten saftigen Art Lattich, dessen Blätter schmal, aber wohl eine halbe Elle lang sind; außer England sahen wir sie nirgends, dafür aber ist auch unser Kopfsalat dort unbekannt."

„Des Fragens von Seiten der Wirthe und des Antwortens von Seiten der Gäste ist an einem englischen Tisch kein Ende. Eine große Verlegenheit für den fremden Gast, der, wenn er auch der englischen Sprache sonst ziemlich mächtig ist, dennoch unmöglich

alle diese technischen Ausdrücke wissen kann. Er muß
Red' und Antwort von jeder Schüssel geben, ob er davon
verlange, ob viel oder wenig, mit Brühe oder ohne
Brühe? welchen Theil vom Geflügel, vom Fisch, ob er
es gern stärker oder weniger gebraten hat? (Dieß ist in
der That nicht übertrieben. Beym Essen ist fast nur
vom Essen die Rede, was dem Fremden anfangs viel
Noth macht. Man muß die Kunstausdrücke erst
lernen, und ich habe mich, ohne lange zu wählen, meist
auf Discretion ergeben, womit aber den so besorgten
Wirthen und Wirthinnen gar nicht gedient schien, weil
sie wirklich jedem das Beste geben möchten.)

Das Ceremoniell beym Trinken ist sich überall gleich.
Gewöhnlich nimmt der Wirth zuerst das Wort und bittet sodann eine Dame um Erlaubniß, „ein Glas Wein mit
ihr zu trinken," und zugleich zu bestimmen, ob sie rothen
Portwein oder weißen S ch e r r y vorziehe. (Diese beyden Weine sind jederzeit, und überall in zwey gleichge-
formten Carafinen, oft von dem schönsten Kryftallglase,
auf dem Tisch, nebst zwey Gläsern für jeden Gast von
etwas verschiedener Höhe.) Zierlich sich gegen einander
verneigend, sprechen die beyden handelnden Personen
wie im Chor: „Sir, Ihre gute Gesundheit!" „Madame,
Ihre gute Gesundheit!" trinken die Gläser aus und setzen

sie weg. Nach einer kleinen Weile tönt dieselbe Aufforderung von einer andern Stimme, dieselbe Ceremonie wird wiederhohlt, und immer wiederhohlt, bis jeder Herr mit jeder Dame, und jede Dame mit jedem Herrn wenigstens Einmahl die Reihe durchgemacht hat. Abschlagen darf man es Niemanden, das wäre beleidigend; obendrein muß man noch mit dem ersten Glase den Wunsch für die Gesundheit jeder einzelnen Person an der Tafel, wenigstens durch ein Kopfnicken, andeuten, und auch genau Acht geben, ob Jemand der andern Gäste uns diese Ehre erzeigt. Es wäre unschicklich, wenn eine Dame unaufgefordert trinken wollte, doch bleibt die Aufforderung selten lange aus. Auch die Herren pflegen sich zu jedem Glase einen Gehülfen einzuladen, doch hat ein Dritter die Erlaubniß, sich mit anzuschließen, wenn er vorher geziemend darum anhält. So hat man denn mit Antworten auf die Einladungen zum Essen und Trinken, mit Gesundheittrinken, und mit Achtgeben ob niemand die Unsere trinkt, vollauf zu thun." (Wie dieß die alte Ordnung in manchen Häusern ist, so kann ich versichern, daß jetzt wenigstens in vielen andern davon mehr oder weniger abgewichen wird, und das Gesundheittrinken überhaupt immer mehr als unfashionable aus dem Gebrauch kommt.)

„Selten ist die Zahl der Schüsseln groß. Alles geht rasch. Nach einer guten Stunde ist die Mahlzeit vorüber. Der Tisch wird geleert, die Brotkrumen sorgfältig mit einem Tuch abgekehrt, und es erscheinen verschiedene Arten von Käse, Butter, Radieschen und wieder Salat. Letzterer wird ohne alle Zubereitung bloß mit Salz zum Käse gegessen. Dieser Zwischenact dauert nicht lange, er macht einem zweyten Platz. Jeder Gast bekommt nun ein kleines, schön geschliffenes Krystallbecken voll Wasser, zum Spühlen der Zähne und Händewaschen, und eine kleine Serviette; man verfährt damit, als wäre man für sich allein zu Hause. Nach dieser Reinigungs-Ceremonie ändert sich die ganze Decoration. Das Tischtuch, mit allem was darauf stand, verschwindet, und der schöne hell polirte Tisch von Mahagonyholz glänzt uns entgegen. Jetzt werden Flaschen und Gläser vor den Herrn des Hauses hingestellt, das Obst wird aufgetragen, und jeder Gast erhält ein kleines Couvert zum Dessert, zwey Gläser und ein kleines rothgewürfeltes oder auch ganz rothes, viereckig zusammen gelegtes Tuch. Dieß aber wird nur selten entfaltet, man benutzt es nur, das Glas darauf zu stellen. Das Obst wird nicht herum gereicht, sondern, wie vorher die andern Gerichte, vorgelegt, und mit vielen Fragen ausgebothen.

Jetzt fangen die Flaschen an die Hauptrolle zu spielen; jeder schiebt sie seinem Nachbar zu, nachdem er sich selbst etwas eingeschenkt hat, viel oder wenig, wie man will. Der Wirth bringt nun einige Toast's aus, er läßt seine Freunde leben; die königliche Familie wird nie bey dieser Gelegenheit vergessen. Bald aber erhebt sich die Dame des Hauses aus ihrem Lehnsessel; mit einer kleinen Verbeugung gibt sie den übrigen Damen das Signal. Alle erheben sich, und gehen sittsam hinter ihrer Führerinn zur Thür hinaus. Jetzt wird den Herren leichter um's Herz, aller Zwang ist nun verbannt, sie bleiben unter sich allein, bey Wein, Politik und heiterm Gespräch. Tritt ein natürliches Bedürfniß ein, so trägt niemand Bedenken, wenn sich die Frauen entfernt haben, die in einem Winkel des Zimmers gebrachte dazu nöthige Vorrichtung zu benutzen; auch wird wohl der Fremde von dem Wirth daran erinnert. Indeß unterhalten oder langweilen sich auch wohl die Damen im andern Zimmer am Kamin, bis nach einer Stunde, auch wohl später, der Thee und Kaffeh bereitet ist, die Herren wieder zur Gesellschaft kommen, und das Gespräch meist lebendiger wird."

So weit Madame Schopenhauer.

Mit der spätern Theestunde endet in sehr vielen Haushaltungen der Tag. Doch findet man auch, wenn die Mittagszeit um **vier** oder **fünf** Uhr fällt, um **neun** oder **zehn** Uhr wieder ein einfaches, meist kaltes Abendbrot, wobey gewöhnlich der holländische oder Chester=Käse in einer sehr großen, blechernen Kapsel, die schön lackirt, mit Rädern versehen und halb offen ist, die Runde macht. Begreiflich wird es übrigens aus der Lebensweise der Großen, wenn man zuweilen in den Zeitungen lieset, daß die Abendmahlzeit des Morgens um **vier** oder **fünf** Uhr angefangen habe, da dieß dann mit dem Mittagstisch Abends um **sieben** oder **acht** Uhr in ein richtiges Verhältniß tritt, aber natürlich auch die Folge hat, daß in solchen Häusern die Zeit zum Aufstehen fast mit unserer Mittagsstunde zusammen fällt.

Zum Theil liegt dieß in der ungeheuren Größe der Stadt und dem Gang der Geschäfte, wie dieß ja selbst bey kleinern Hauptstädten der Fall ist. Die Raths- oder Gerichtsversammlungen, die Bureau's, die Comptoire, zu denen die Mitglieder ja oft Stunden weite Wege machen müssen, können nicht so schnell wie in kleinern Orten geschlossen, wieder geöffnet, und die Geschäfte beendigt werden. Dazu kommt, daß alle **inländische** Posten zwar täglich um acht, alle **ausländische** aber gleich nach Mitternacht abgehen, und man der Briefbestellung sicher ist, wenn er auch erst kurz vor z,wölf Uhr abgegeben wird. So benutzt, um Nachrichten abzuwarten, auf diesem großen Markt des Welthandels der Kaufmann oft noch den letzten Augenblick.

Möge nur eine solche Verkehrung der Tagesordnung, die doch auch in England nur in den großen Städten Statt findet, nie in Deutschland herrschend werden! Leider sind wir schon auf dem Wege. Denn wie oft trifft es sich in Berlin, Hamburg, Magdeburg, auch wohl schon in kleinen Städten — daß man sich zu einer Stunde zum Abendessen niedersetzt, wo Viele lieber ihr Licht auslöschen und, flugs und fröhlich einschlafen möchten, um mit der Sonne den Lauf ihrer Geschäfte zu beginnen. Häufig haben freylich die spät angefangenen und lang hinaus gezogenen Spielparthien vorzüglichen Antheil an dieser Umkehrung der Ordnung, wobey denn niemand mehr leidet, als die, welche für diese Art der Unterhaltungen kein Geschick oder keine Neigung haben.

Der Sonntag in England.

Fast alle Reisende kennen nichts Traurigeres als die brittische Sonntagsfeyer. Sie versichern, daß dann alles wie ausgestorben scheine, und jeder Ton der

Freude verstumme. Sie bedauern das Volk, dem man selbst jeden erlaubten Genuß versage, und preisen unsere Länder glücklich, daß sie von diesem Zwange nichts wissen. Ich gestehe offen, daß mir der Sonntag in England nicht so trübe und freudenleer erschienen ist, ja daß ich mehrere dort verlebte Sonntage zu den angenehmsten Erinnerungen rechne, und sogar den Wunsch nicht unterdrücken kann, daß wir wenigstens etwas mehr von dem unter uns wahrnehmen möchten, was man dort in eben so geistig gebildeten, als von Seiten des Charakters höchst achtungswürdigen Familien findet. — Ich meine damit nicht solche, die ein wirklich religiöser Trübsinn in den allerunschuldigsten Beschäftigungen, wie Clavierspielen, Stricken, dem Lesen irgend eines Buches, das nicht geistlichen Inhalts ist, eine Sünde finden läßt, und den Sabbath mehr in alt=testamentlichem, als christlichem Sinn heiligen zu müssen meinen; wohl aber die, welche wünschten, daß auch mit uns in Ausfüllung der Sonntagsstunden eine gewisse Harmonie beobachtet werden möchte. Ich sehe vorher, daß viele Leser darüber anderer Meinung seyn werden. Wie könnte man aber auch immer e i n e r Meinung seyn?

Es ist nicht zu läugnen — der Unterschied zwischen den s e ch s W o ch e n t a g e n und diesem S i e b e n t e n ist in England auffallender als irgendwo. Es ist, als ob eine lang dauernde Ebbe eingetreten wäre, der keine Fluth mehr folgen wollte; oder als ob das frische Leben die Straßen und Plätze verlassen und sich in den Hintergrund der Wohnungen geflüchtet hätte; oder als ob jedermann leiser athmete, um sich von den Anstrengungen und Erschöpfungen einer rastlosen Thätigkeit zu erhohlen. Das letztere ist auch wirklich der Fall. Von dieser Seite allein schon ist das Gesetz, welches von den gewöhnlichen Geschäften zu feyern gebiethet, für unzählige, die sechs Tage lang des Tages und der Arbeit Last und Hitze getragen haben, oder im Gewirr der Weltgeschäfte gar nicht zu sich selbst so wenig als zu ihrer Familie gekommen sind, eine wahre Wohlthat, und es geht, was schon bey der alten mosaischen Stiftung des Sabbaths der Zweck war, in Erfüllung *). Sonnabends mit dem Schlag Zwölf muß im Theater der Vorhang fallen, und erst Montag Abends rollt er wieder auf. Außer den Kaufläden, in welchen die unentbehrlichen Lebensbedürfnisse, die keinen Stillstand leiden, zu

---

*) „Sechs Tage sollst du deine Arbeit thun, aber den siebenten Tag sollst du feyern, auf daß auch dein Ochse und Esel ruhe, und der Magd Sohn und der Fremdling (der eingeborne und gekaufte Sclave) sich erquicke." 2. Moys. 23, 12.

haben sind, werden alle übrige den ganzen Tag verschlossen, und die Stadt erscheint, weil nun alle die Fensterwände mit farbigen Vorlagen bedeckt sind, in einer ganz veränderten Gestalt. Alle eigentliche Lustbarkeiten sind auf die Wochentage beschränkt. Wo die ganze Strenge des aus frühern Zeiten der Religionskämpfe herrührenden Gesetzes beobachtet wird, vermeidet man selbst gröfsere Gastmähler, Spielparthien und Concerte in den Häusern, und enthält sich aller Handarbeit. Auf den Straßen wird es indeß wieder lebendig, wenn gegen zehn und eilf Uhr der Gottesdienst beginnt. Dann mehren sich wohlgekleidete Kirchengänger auf allen Wegen; im Bürgerstande gewöhnlich Mann und Frau, die Kinder vor sich her, meist das allgemeine Gebeth- und Gesangbuch (Common Prayer book und Psalms) in der Hand. Bey der Menge der Kirchen in allen Stadtgegenden vertheilen sich indeß die Massen, auch drängt es sich, wie überall, bey einer mehr als bey der andern. Insonderheit sind einige Abendkirchen, die um sechs Uhr angehen, so unbeschreiblich gefüllt, daß der Spätkommende kaum einen Platz findet, so bereit auch die Kirchendiener sind, ihn zu verschaffen.

Indeß würde man sehr irren, wenn man glaubte, jeder Mensch in England sey ein fleißiger Kirchenbesucher. Wenn man die Zahl der Einwohner von London auf zwölfmahl hundert tausend berechnet, die Zahl aller seiner Kirchen und Capellen, der herrschenden und der dissentirenden Religions-Parteyen auf 466, so würde doch selbst diese große Menge, da es darunter auch sehr kleine gibt, kaum im Stande seyn, mehr als die Hälfte zu fassen. Aber es gibt auch dort genug Personen aus allen Ständen, für die keine Kirche und kein Sonntag da ist; sey es, daß sie, wie oft bey uns, in dieser Theilnehmungslosigkeit ihre höhere Aufklärung suchen; oder sich durch nichtige Entschuldigung von Zeitmangel dispensirt glauben; oder durch ein wüstes und zerrüttetes Sinnenleben von allem, was über die Sinne hinaus liegt, entfremdet sind. Indeß ist diese äußere Achtung gegen die öffentliche Religionsanstalt, und die christliche Gemeinschaft zur Erhebung der Seele zu Gott, wie zur Einkehr bey sich selbst, unstreitig in England viel allgemeiner. Sie mag bey Vielen bloße Gewohnheit, angebildete Sitte, Tagesordnung, Augendienst, Mittel gegen häusliche Langeweile, und mitunter mehr als jüdischer Aberglaube seyn, wie ihn schon Christus (Matth. 12, 1—8) und Paulus (Röm. 14, 5—6) bekämpfte; bey Vielen aber ist sie doch der reine Ausdruck innerer Religiösität, und wie sie entsprungen ist aus dem Bedürfniß, sich an die Gemeinde der Anbether Gottes anzuschließen, so bewährt sie sich bey ihnen durch die wohlthätigsten Wirkungen, indem sie den Sinn für das Göttliche und Sittliche in ihnen rege erhält und fortbildet.

Wer das Theater, wer Tanzparthien und Gewinnstspiele nicht für unentbehrlich hält, um vergnügt zu seyn, oder die Langeweile loszuwerden; wem diese künstlichen Vergnügungen den Geschmack an den großen Schauspielen der Natur, und den Freuden einer edlen und heitern Geselligkeit, besonders im Familienkreise, noch nicht abgestumpft haben, — ich wüßte wahrlich nicht, wie er nicht in und außer London auch am Sonntage froh seyn könnte? Ich habe wenigstens an schönen Sonntagen die Landstraßen mit Wagen und Fußgängern oft gefüllter als in der Woche gesehen. Die Themse war mit Fahrzeugen bedeckt, die große Gesellschaften nach den herrlichen Ufer-Gegenden und Landsitzen u. s. w. führten. Die Gasthäuser waren gegen Abend bis vor die Thüren voll von frohen Gästen, und die Kinder trieben ihre Spiele um sie her; die Kutschen waren von innen und von außen mit Kommenden und Zurückkehrenden gefüllt. Im Park von St. James, noch weit mehr im Hydepark, war gegen Abend das Gedräng so groß, daß man hätte glauben können, die Bürgerschaft von ganz London sey da auf der Wanderung. Um sieben, um acht und neun Uhr füllten sich dann wieder die Straßen mit zurück kehrenden Menschen, welche die ganze Woche in Werkstätten, Läden und kleinen Wohnungen eingeengt, sich mit Weib und Kindern in freyer Luft ergangen hatten. Allerdings versäumen Viele, Vornehme und Geringe, welche sich am Sonntage aus der Stadt auf das Land begeben, nicht leicht auch die Landkirchen zu besuchen, vor deren Thüren man oft ganze Reihen von Equipagen aus der Umgegend sieht. Aber dann genießen sie des übrigen Tages in der freyen Natur, oder in der geschmackvollen Umgebung ihrer Häuser, auch wohl recht oft bey reichen und geselligen Mahlzeiten. Ich selbst habe dieß alles am Sonntage nie vermißt — nicht einmahl, wie man aus dem Folgenden sehen wird, die Musik. So fuhr ich am Morgen des 11. July, unter Herrn Ackermanns Führung, der immer darauf sann, mir angenehme Tage zu machen, durch das stille London und Fullham, diesen schönen mit einem großen Park umgebenen Sitz des Bischofs von London, nach dem paradiesischen Richmond. Für die Kirche kamen wir leider zu spät, und mochten keine Störung machen. Aber die freye Natur, daneben die Erinnerung an die graue Vorzeit beym Hinblick auf die Stätten, in welchen einst die alten brittischen Könige Eduard I. und II. hauseten, wo Eduard III. um seinen Heldensohn, den schwarzen Prinzen, trauerte, wo Heinrich VII. starb, wo Elisabeth unter ihrer Schwester Maria als eine Gefangene lebte, und zuletzt gerade hier ihre Laufbahn als Königinn glorreich, persönlich höchst unglücklich in ihrem Innern, endete: das alles von einem hohen Balcon angeschaut, war nicht minder geschickt, die Seele zu ernsten Betrachtungen zu stimmen.

Man kennt aus Reisebeschreibungen die höchst reizende und so berühmte Aussicht von den Höhen bey Lyon. Dennoch ist der Gallo-Amerikaner Simond unparteyisch genug, der Aussicht von Richmond Hill den Preis zu geben *). Von einer an sich nur mäßigen Höhe, auf die man allmählig gelangt, übersieht man zuerst eine weite Ebene, durch welche die Themse sich schlängelt. Ihre beyden Ufer sind mit herum irrenden Heerden bedeckte Triften. Große Massen von Bäumen treten unregelmäßig auf diesem schönen glatten Rasenstück hervor, mit ihrem schwarzen Schatten Bogen und

---

*) Reisen 1. Theil. S. 169.

Vorgebirge bildend, und sich in einzelne schöne Gruppen sondernd, wie dicht belaubte Inseln in einer grünen Meeresfläche. Hier und da steht man eine große Eiche, die ihre kräftigen Arme rechtwinklich vor sich streckt; öfter noch ist's eine Ulme, die ihre runden Laubmassen in dichten Geschossen über einander aufbaut. Nur einige wenige, halb in Gebüsch versteckte Häuser, einige auf dem Rasen nur wenig bemerkliche Fußsteige, die zu diesen Wohnungen führen, erinnern an menschliche Bewohner. Am fernsten Ende des unermeßlichen Halbzirkels, den das Auge überschaut, immer die nähmliche Verzierung und doch immer wechselnd. Aber wie eine einzelne Parthie zurück tritt, zeichnet jede leichte Veränderung der ebenen Fläche den nächsten Plan auf den matten und bläulichen Grund des entfernten, bis endlich ein Horizont von Hügeln, von bläulicher noch unbestimmter Färbung das Ganze endigt. So hat sich denn hier die Natur, oder vielmehr ihr großer Urheber, einen herrlichen Tempel erbaut, in welchem jede fühlende Brust zu einer heitern Andacht begeistert werden muß. Hier war es, wo der Lieblingsdichter der Britten, T h o m s o n, dessen Asche auf dem Kirchhofe eine einfache Platte deckt, sang:

„Bezaubernd Bild! Mehr als die Muse je
Von Hellas sang und von Hesperien.

Du reiches Thal — du sanft geschwellte Höhe,
Wo hingestreckt des Landbau's Göttinn froh
Die Wunder ihrer Reiche überschaut.

O Himmel! Welch ein reicher Anblick rings umher!
Schau! Höh'n und Thal und Wald und Flur und Zinnen
Und hohe Burgen, gold'ne Ströme, bis
Die weite Landschaft sich im Nebelduft verliert."

Hier war es auch, wo unser braver Landsmann Moritz ausrief: „O Richmond, Richmond! nie werde ich den Abend vergessen, wo du von deinem Hügel so sanft auf mich herab blicktest. — O ihr blühenden jugendlichen Auen, ihr grünen Wiesen, und ihr Silberströme in diesem glücklichen Lande, wie habt ihr mich entzückt, als ich an dem blumigen Ufer der Themse voll Begeisterung auf- und niederging *)."

Von Richmond fuhren wir um Mittag nach Kew (Kiu), sahen den dortigen weltberühmten **botanischen Garten** an der Seite des Oberaufsehers aller königlichen Gärten, Herrn Aiton, und, unter

---

*) Wirklich merkwürdig ist's, daß man die ganze Stelle aus Moritz Reisen in's Englische übersetzt, und sogar in die Picture of London aufgenommen hat. Dadurch ist Moritz Nahme Unzähligen, die dieß jedes Jahr erscheinende Buch benutzen, bekannt geworden, indeß man von vielen unserer Classiker nichts weiß.

vielen andern botanischen Merkwürdigkeiten auch die alte Mutterpflanze der ersten Hortensia, von der alle Hortensien in Europa stammen; und speiseten dann bey der Familie des Herrn Pappendiek, Pagen, oder wie wir sagen würden, Geheimkämmerers der letzten Königinn, welche hier, in ihrem Sommerhause, in den Armen seiner Gattinn starb. Als wir in der Abendkühle zurück fuhren, hatte sich in der Gegend des Hydeparks vor London eine unübersehbare Menge von Menschen vor den Casernen der königlichen Garde gesammelt, um die Regiments=Musik zu hören, die, wie man mir sagte, alle Sonntag Abends die beliebtesten englischen Volkslieder und andere auserlesene Stücke spielt. So trug denn auch hier der so berufene englische Sonntag kein Trauergewand.

Weiter geht man freylich in England nicht. Selbst der, welchem die Religion vielleicht weniger am Herzen liegt, als die Erhaltung gewisser väterlicher Sitten, verlangt, daß auch der Sonntag seinen eigenthümlichen Charakter behaupte, und zwischen seiner Hauptbestimmung, das Gemüth zu sammeln, und der übrigen Anwendung der Sonntagsstunden kein zu greller Abstand eintrete. So würde es z. B. je=

dem echten Britten als ein schreyender Gegensatz widerstehen, wenn etwa dieselben Ältern, die des Morgens mit ihren Kindern die Kirche besucht, da vielleicht eine Predigt über die Pflicht der Zucht und Ehrbarkeit gehört hätten, des Abends mit ihnen eine Farce zum Todtlachen im Theater, etwa einen Rehbock, oder so lüsterne, nach der Natur geschilderte Scenen, wie sie sich in einigen unserer Lieblingsstücke finden, vor den Augen der Jünglinge und Jungfrauen dargestellt, ganz ruhig mit ansehen könnten. — Aber so sollte wohl billig ein Jeder, dem nicht das ganze Leben ein Possenspiel ist, denken und fühlen. Wahrlich, das Schickliche gränzt oft näher, als man glaubt, an das Sittliche!

Zum Schluß will ich noch erzählen, wie ich den letzten Sonntag auf englischem Boden verlebt habe. Ich hatte Vormittags eine durch Einfachheit und Würde ausgezeichnete Predigt des würdigen Dr. Schwabe, welcher bey einer deutschen Gemeinde in Goodmannsfield, einem in einer Vorstadt der City gelegenen Quartier, steht, beygewohnt; dann den Mittag in der liebenswürdigen Familie eines deutschen, hier nationalisirten Banquiers, Herrn Burmester, sehr heiter zugebracht, dabey ganz das Innere eines

englischen Haushalts kennen gelernt, und viel von der
Lebensweise, besonders der Damen, die unsern deut=
schen Landsmänninnen nicht zuspricht, erfahren. Der
Abend war, nach einem sehr heißen Tage, durch milde
Kühle erquickend. Da beschlossen wir Alle, durch Ge=
spräche über die Noth der Zeit, die jetzt sehr groß in
England ist, zum Ernst gestimmt, die letzten Stunden
einem Gottesdienst zu widmen. Das Volk strömte gegen
6 Uhr nach mehreren Capellen. Wir wählten eine in
ihrer Art einzige. Mitten auf der Themse unweit
des Towers liegt ein sehr großes Schiff, welches
in seinem Innern völlig zu einer Kirche umgeschaffen,
Raum für fünf= bis sechshundert Menschen enthält und
am Vordertheil die Inschrift führt: Schwimmende
Kirche (Floating Chapel) durch freywillige Un=
ternehmung. Die nächste Bestimmung ist, den
Sailors oder Matrosen und ihren Familien, welche am
Ufer wohnen, oder auf den Schiffen umher hausen,
zu verschiedenen Tagesstunden einen nahen und ganz
auf ihre Lebensart, Sitten und Bedürfnisse berechneten
Gottesdienst zu verschaffen. Große Kosten haben reli=
giöse Männer verschiedener Parteyen, doch vorzüglich
Baptisten und Methodisten, daran gewendet,
die aber durch die reichen Beyträge beynahe schon ge=

deckt sind. Sowohl der mittlere Raum, mit Kanzel
und Gebethpult, als die Chöre, waren mit anständig
gekleideten Männern und Frauen aus allen Ständen
angefüllt, und wir fanden nur mit Mühe noch Platz,
da Theilnahme oder Neugier auch sehr viele Fremde
herbey gelockt hatte. Nach dem Gesange aus einer be-
liebten Liedersammlung, wobey zeilenweise bloß weibliche Discantstimmen mit dem vollen Chor wechselten,
trat ein baptistischer Geistlicher (Mr. Jwemy) im schwarzen Kleide ohne allen Ornat auf, und ermahnte seine
Zuhörer, fast immer an die Seeleute sich richtend und
alles auf sie beziehend, zur Besserung und zum Glauben mit der Begeisterung eines Missionärs. Nichts von
Kunst, desto mehr Beredsamkeit des Herzens, mitunter
der Ausdruck bis zum Auffallenden d e r b. Auch kleine
Erzählungen wurden eingemischt, von guten und bösen
S e e l e u t e n, von Religionsspöttern, die mitten in
ihrer Sünde das Meer verschlungen habe, Beyspiele
von Muth, den rechtes Gottesvertrauen gebe. „Ich habe" — rief er einmahl nach einer kurzen Pause aus —
„ich habe oft lebhaft gewünscht, ein S e e m a n n zu
seyn. Wir ruhigen Landbewohner haben auch wohl
Noth und Gefahren zu bestehen; aber so ein Seemann
— wenn er Glauben an Gott hat, wie muß i h m das

Herz stark werden; jeden Augenblick auf Sturm und Wetter gefaßt; jeden Augenblick den Abgrund geöffnet vor sich; umher getrieben an unbewohnte Küsten, bedroht von unbemerkbaren Klippen — und dabey immer genöthigt besonnen zu bleiben — ja wahrlich, wahrlich, ich möchte ein Seemann seyn, um zu erfahren was der Glaube vermag!" Dieß mit einer gewaltigen, gewiß auf dem Verdeck hörbaren, und dann doch wieder sanft und mild werdenden Stimme gesprochen — man mag sich wohl vorstellen, daß das die gespannt aufhorchende Menge, die sich der Mann so zu befreunden wußte, ganz ergriff. Auch war auf allen Gesichtern die gespannteste Aufmerksamkeit, die nie den Redenden aus dem Auge verlor. Ein Paar rührende Liederstrophen schlossen die Versammlung. Sie erinnerten an das Ufer jenseits, wo wir früher oder später alle den Stürmen des Lebens entnommen, landen sollen.

> Das glückliche Ufer, wir grüßen es bald,
> Und dann sind die Wetter und Stürme verhallt *).

Ich sah an den nassen Augen meiner Nachbarn und Nachbarinnen, wie sie das alles bewegte. Auch ich

---

*) Soon I shall see the happy shore,
Where winds and storms distress no more.

theilte ihre Rührung. Nach wenigen Tagen sollte ich
mich wieder den ungewissen Wellen anvertrauen, denn
— erst jenseits lag das heimische Ufer.

Ehe man aufbrach, nahm der Vorsänger, der
auch hier nach englischer Sitte ein Paar Stufen unter
der Kanzel stand, ein Mann von feiner Bildung und
Sitten, das Wort, und sagte sehr vernehmlich: „Je
erfreulicher die große Anzahl derer war, welche an der
heutigen Versammlung Theil nahmen, desto mehr müssen wir wünschen, daß, da nur ein Ausgang ist, und
die Fahrzeuge nur eine gewisse Zahl fassen können, niemand Schaden nehme. Darum bitten wir herzlich, daß
keiner sich übereile. Es ist für eine hinlängliche Anzahl
von Booten gesorgt, die, wenn nur alles ordentlich
zugeht, in kurzer Zeit Alle an das Ufer bringen werden. Wir bitten nur, daß man sich, bis die Nächststehen-
den übergesetzt sind, auf das Verdeck begebe, und da
des schönen Abends genieße, bis jeden die Reihe trifft,
einzusteigen. Niemand soll vergessen werden. Gedränge
wird nur Aufenthalt und leicht Gefahr bringen."

Jeder fügte sich gern der verständigen Rede. Ich
ging indeß mit meiner Gesellschaft in die große Cajüte,
die zur Sacristey eingerichtet war, um dem Mann, der
so kräftig zu uns gesprochen hatte, die Hand zu drücken.

Wir fanden die Vorsteher (Trustees) der **Schiffs-
kirche** hier versammelt, und wurden von ihnen sehr
freundlich zum Thee eingeladen. Sie waren alle von
dem Gelingen ihres Unternehmens voll, und erfreuten
uns durch Erzählungen von den guten Früchten, die sie
schon an vielen vormahls rohen Seelen wahrgenommen. Dann trugen sie Sorge, daß wir in dem eigenen
Boot der Committee sehr bequem, sicher und unentgelt-
lich an's Land gesetzt wurden.

Was ich gesehen und gehört, hatte meine Seele mit
gar mancherley Betrachtungen und Empfindungen erfüllt,
unter denen ich den sehr langen Weg nach meiner Wohnung zurück legte, sehr zufrieden, einen Sonntag nach
englischer Weise gefeyert zu haben.

Erster Eindruck

von dem National-Charakter, dem gesell-
schaftlichen Leben und dem Ton
des Umgangs.

Was sich dem Reisenden in fremden Ländern, nächstdem, was die Natur oder was Menschenhand gebaut
und eingerichtet hat, am ersten darstellt, und ihm fast
auf jedem Schritt entgegen kommt, ist das Eigenthüm-

liche in den Gebräuchen, Sitten und Gewohnheiten des
geselligen Lebens, mit denen er sich, um nicht aufzufal=
len oder anzustoßen, nothwendig bekannt machen muß.
Indeß gewöhnt man sich daran eben so bald, als das
Auge an die neuen Gegenstände. Schon nach einigen Wo=
chen geht man schnell vor dem vorüber, wobey man an=
fangs Tage lang verweilen und glauben konnte, man
werde nie müde werden es zu betrachten. Eben so fügt
man sich auch schnell genug in die einmahl angenommene
Tagesordnung und Lebensweise. Ein viel höheres und
dauernderes Interesse behält dagegen das innere Le=
ben, in welchem die Eigenthümlichkeit des Volks,
seine Denk= und Empfindungsweise, oder das Natio=
nale des Charakters erkannt wird. Und gerade die=
ses gewährt der Betrachtung hier einen sehr reichen
Stoff.

Die ersten Züge dazu sammelt man in dem nähern
Umgange mit Menschen aus verschiedenen Classen.
Aus dem, worin sie sich mehr oder minder ähnlich sind,
entwirft man sich nach und nach ein allgemeines
Bild. Nur zu leicht kann man sich dabey übereilen. Ge=
wöhnlich bestimmt den fremden Ankömmling der erste
Eindruck, welchen er bey seinem Eintritt in die Gesell=
schaft empfängt. Die persönliche Erfahrung, die er von

Freundlichkeit oder Gleichgültigkeit macht, stimmt sein Urtheil günstig oder ungünstig, und das Einzelne, oft sogar Zufällige, wird mit dem Allgemeinen und Beständigen verwechselt.

„Wie abweichend," sagt Göde, „sind nicht die Schilderungen der Reisenden schon von dem Familienleben der Engländer! Vergebens würde man versuchen, diese Widersprüche auszugleichen. Es sind einzelne Ansichten, aus einzelnen abweichenden Standorten, die sich zu keinem Ganzen vereinigen lassen." Nach dem was ich erfahren, hat indeß dieser all zu früh der Welt entrissene Beobachter die Züge des englischen National-Charakters und der verschiedenen Stände, in seinem Werk besser und schärfer als irgend einer seiner Vorgänger und Nachfolger aufgefaßt, und eben so wahr als unparteyisch dargestellt*). Ich würde nur wiederhohlen müssen, was er so befriedigend hierüber gesagt hat. Was daher hier folgt, betrachte man nur als Bruchstücke eigener Erfahrungen und als offene Bekenntnisse des Eindrucks, welchen das Leben unter diesem so originellen Volk auf mich gemacht hat. Ein längerer Aufenthalt hätte mir vielleicht Stoff zu einer reichern Nachlese gegeben.

---

*) Man f. besonders im 2. Thl. das 13. und 14. Cap.

Ich hatte so viel von der Kälte, Zurückhaltung und selbst von dem alles Fremde verachtenden Stolze der Engländer gehört und gelesen, daß es mich wenig befremdet haben würde, dieß allgemein so zu finden. Ich will auch nicht in Abrede seyn, daß mir einzelne Erfahrungen davon vorgekommen sind, und daß ich nahmentlich auf der Reise, auf dem Schiff, in den Postkutschen viele Bekanntschaften gemacht habe, die nicht den leisesten Wunsch, sie fortzusetzen, zurück lassen konnten. Insonderheit hat man da, wo viele Menschen zusammen kommen, z. B. in Kaffeh- und Wirthshäusern, Gelegenheit, die außerordentliche Ungesprächigkeit und Schweigsamkeit wahrzunehmen, indem selbst Personen, die sich lange und genau kennen, stundenlang, besonders am Kamin, neben einander sitzen können, ohne ein Wort zu sprechen; ja sie scheinen sich fast zu wundern, wenn man sich, nach unserer deutschen entgegen kommenden, gern ein Gespräch anknüpfenden Weise an sie wendet, oder die Unterhaltung in Gang zu bringen sucht. In den häuslichen Kreisen fand ich, nahmentlich die jüngern unverheiratheten Damen, größten Theils äußerst still und fast ängstlich schüchtern. Personen, die viel unter Engländern gelebt haben, bezeugen auch, daß es in Familienzirkeln und bey freundschaftlichen Zusammenkünften nicht selten der Fall ist, daß auf ein lebhaftes Gespräch eine lange Pause folgt, der man selbst den charakteristischen Nahmen der stillen, auch wohl der englischen Unterhaltung (silent — english conversation) gibt. Ob dieß für den, der sich selbst innerlich zu beschäftigen weiß, nicht mitunter mehr werth ist, als ein unendliches Geschwätz von oder über — Nichts, und das lästige Bestreben mancher Gesellschafter und Gesellschafterinnen, das Wort nie ausgehen zu lassen, und, um nur zu reden, lieber die gleichgültigsten Fragen zu thun, mag Jeder selbst entscheiden.

Wenn ich aber von meinen Erfahrungen ausgehen darf, so kann ich durchaus nicht einstimmen in die Klage über ein durchgängig kaltes oder abstoßendes Wesen. Zuvörderst muß ich hier die große Gefälligkeit rühmen, womit der Fremde von den Unbekanntesten zurecht gewiesen wird. Kaum könnte das Gegentheil bey der zahllosen Menge von Menschen, denen man auf den Straßen begegnet, die einander ganz fremd sind, unerwartet seyn. Da ich, auch in den ersten Wochen, nie einen Lohnbedienten gehabt, um mich desto schneller selbst zurecht finden zu lernen, so habe ich mich in der That sehr oft in der Nothwendigkeit gesehen, die Begegnenden mit Fragen zu beläſtigen, ja ich habe es abſichtlich mit Perſonen aller Stände verſucht. Nie hat mich ein unfreundliches Wort beſchämt. Oft hat man mich eine Ecke Weges begleitet, und iſt dann wieder umgekehrt. Oft ſchien die Zurechtweiſung, das „ganz richtig!" oder „die dritte Straße links!" oder „gerade aus" (straight on) rathgebenden Männern und Frauen ſogar Freude zu machen. Frägt man zumahl in dem nächſten Laden, dieß rieth man mir als das ſicherſte, ſo bekommt man einen ſo vollſtändigen Unterricht, daß man ihn kaum behalten kann. Überhaupt iſt doch die Gefälligkeit im Zurechtweiſen eine ziemlich allgemeine Tugend, und ſie mag nur hier und da durch unverſtändliche oder gar neckende Fragen der Reiſenden gelitten haben. Die Natur des Menſchen iſt zur Mittheilung geneigt, und ſelbſt das Gefühl, etwas beſſer zu wiſſen als der Andere, oft als der Vornehmſte, iſt ſelbſt für den Geringſten ein angenehmes Gefühl. Die Gefälligkeit ging oft noch weiter. Sehr häufig bin ich, wenn der kleinſte Zipfel des Taſchentuchs ſichtbar war, von Vornehmen und Geringen erinnert worden, es in Acht zu nehmen, woraus man denn freylich zugleich ſchließen kann, wie man dort auf allen Wegen und Stegen mit Taſchendieben umgeben iſt.

In der Geſellſchaft der Gebildetern erwartet man zwar vergebens jenes förmliche Ceremoniell, jene tiefen Verbeugungen und hergebrachten Höflichkeitsformeln beym Ankommen und Abschiednehmen, an die man wenigstens früherhin bey uns gewöhnt war, wiewohl sie sich auch in Deutschland immer mehr verlieren. Dagegen aber herrscht bey der edelsten Einfachheit der Sitten die wahre Höflichkeit, die mehr That als Wort ist. Man reicht dem Vornehmsten wie seines Gleichen die Hand, und ist einer freundlichen Erwiederung gewiß. Man begrüßt den Lord wie den Freund mit einem Guten Morgen! und scheidet von ihm mit einem Guten Abend! oder einer Guten Nacht! Oft hörte ich diese Worte mit einer wahrhaften Innigkeit aussprechen, wie denn im Schauspiel das beym Abgehen häufig vorkommende Lebewohl (farewell) auf eine ganz eigenthümliche Art betont wird. Die Umarmungen und Küsse unter Männern erscheinen den Engländern wie Unnatur, und man würde sich, wenn man gar öffentlich auf der Straße der deutschen Sitte folgte, den Insulten des Volks aussetzen. Man mag darin zu weit gehen; aber gestehen wollen wir doch nur, daß das schöne Zeichen der Liebe und innigen Freundschaft unter uns zu sehr zur bedeutungslosesten Ceremonie entweiht ist, so daß man es loben muß, wenn das, was ein oft lästiger und mitunter widriger Gebrauch geworden war, immer mehr aus den Kreisen der Männer verschwindet, z. B. sich nach einer großen gesellschaftlichen Mahlzeit vielleicht durch dreyßig bis vierzig Umarmungen und zwey= oder dreymahl so viel Küsse durchzuquälen, und, wie wohl vormahls Sitte war, allen Damen die Hand zu küssen. Auch unter den englischen Frauen habe ich eine solche Annäherung beym Kommen und Gehen nicht wahrgenommen; desto öfter in Familien, unter liebenden Ältern, Kindern, Geschwistern.

An die in unserem Vaterlande noch ziemlich **scharfen Abschnitte zwischen den Ständen**, wird man in England weit weniger erinnert, und gerade darin zeigt sich unstreitig eine der schönsten Eigenthümlichkeiten des brittischen Lebens. Jeder fühlt dort, daß er ein **freygeborner** und durch die Verfassung des Landes auch bey seiner natürlichen Freyheit geschützter Mensch sey, und daß Alle vor dem Gesetz durchaus gleiche Rechte haben. Er weiß, daß er persönlich oder durch seine Vertreter eine Stimme in den großen Angelegenheiten der Nation hat; daß, wenn er sich vergeht, ihn seines Gleichen richten werden; daß er vor den Bedrückungen des Übermuths, sey es des Adels, des Mili=

tärs oder des Clerus sicher ist, so lange er sich nur in den Schranken der Gesetze hält. Es fehlt auch dort nicht an Versuchen einzelner Mitglieder dieser Stände, sich über andere zu erheben. Aber wie jeder Hauseigenthümer meint, „sein Haus sey seine Festung" (my house is my castle), so betrachtet auch jeder Staatsbürger die Verfassungsurkunden als das Bollwerk seiner Freyheit. Liege davon manches in der Einbildung; sie selbst macht ja oft schon zufrieden und glücklich. Dieser Geist wird von früher Jugend an genährt; er wächst mit dem Knaben und Jüngling auf. Ältern selbst behandeln, so heilig die väterliche Gewalt ist, ihre Söhne in diesem Geist, und die häusliche Erziehung ist im hohen Grade liberal. Wie man überhaupt Jedermann, auch den geringsten Lastträger, Herr (Sir) nennt, so hört man auch Knaben von acht bis zwölf Jahren selbst von ihren Vätern mit diesem Nahmen bezeichnen. Hieraus entsteht das Ungezwungene im Umgange aller Stände unter einander; hieraus die Leichtigkeit, sobald man nur anständig gekleidet ist, in den ersten Häusern, selbst bey den königl. Prinzen oder Ministern, ohne viele Umstände Zutritt zu erhalten; hieraus die Freymüthigkeit, bey gemeinsamen Zusammenkünften und Berathungen dem Herzog und dem Grafen wie dem Bierbrauer zu widersprechen, wenn man nicht seiner Meinung ist. Die Parlaments-Debatten sind davon der beste Beweis. Aber eben weil diese etwas Öffentliches sind, gehen sie in alle Stände über und werden zum Gemeingeist.

Nicht wenig wird dieser Gemeingeist dadurch genährt und gefördert, daß öffentliche Angelegenheiten, gemeinnützige Unternehmungen und Anstalten die gewöhnlichste Unterhaltung ausmachen. Auch unter uns können sich wohl selbst Männer von höherer Bildung stundenlang an den kleinlichen Neuigkeiten des Tages, dem erbärmlichen Geklätsch von dem, was andere Menschen thun, reden, anziehen, einnehmen und ausgeben, oder an geistlosen Scherzen, die man, weil sie sich unaufhörlich wiederhohlen, S t e r e o t y p e n nennen könnte, ergetzen, und sie werden wohl gar den interessantesten Unterhaltungen über ernste und wissenschaftliche Gegenstände vorgezogen. Dergleichen spricht, wie mich auch vieljährige unparteyische Beobachter versichert haben, den Geschmack g e b i l d e t e r Gesellschafter in England nicht an. Politik und Handel ist freylich das Hauptthema. Aber auch für das a l l g e m e i n M e n s c h l i c h e hat man Interesse, und es wird vieles der Art bey dem Glase Porter oder Wein mit großem Ernst verhandelt. Diese oft sehr lebhaft werdenden Verhandlungen unterscheiden sich auch dadurch, daß man jeden Redenden zu Wort kommen läßt und sich gegenseitig an­hört, indeß bey uns oft jeder nur sich hört oder auf seinen Nachbar hinein spricht, so daß zuweilen in einem Kreise von zehn bis zwölf Menschen fünf Gespräche im Gange sind. In den stürmischen Parlaments-Debatten muß freylich oft Zur Ordnung (to ordre) gerufen werden, aber eben so oft ertönt, wenn etwas Wichtiges gesagt wird: Hört! Hört ihn! (Hear! Hear him!)

Natürlich kommt durch diese Art der Unterhaltun­gen ein gewisser Ernst in das gesellige Leben, und das laute, oft lärmende Wesen, so wie das Vorschreyen Ein­zelner, würde als ein Verstoß gegen die guten Sitten erscheinen. Aber es wird auch eben dadurch eine recht große Masse gesunder Begriffe, Klarheit im Denken und Gewandtheit im Ausdruck in allen Volksclassen verbrei­tet, in welcher Hinsicht es gar nicht zu verkennen ist, daß überhaupt den Engländer das Leben noch weit mehr als die Schule bildet.

Die schönste Wirkung und Erscheinung des Ge­meingeistes ist aber unstreitig das, bey diesem wie wohl bey keinem andern Volk so warme, Interesse

an allem, was das öffentliche Wohl betrifft, und der
edle Eifer, jedes Unternehmen, was der Nation oder
der Menschheit Ehre macht, auf das allerthätigste zu
unterstützen. Nichts hat mich bey meinem kurzen Auf=
enthalt so sehr ergriffen, nichts mit einer so hohen Ach=
tung gegen eine große Menge vortrefflicher Männer
und Frauen erfüllt, als was ich davon theils selbst ge=
sehen, theils von glaubwürdigen Zeugen erfahren habe.

Daß der Gemeingeist, sofern er in der Theil=
nahme an den allgemeinen Angelegenheiten der Nation
besteht, sich zuweilen auf eine Weise kund thut, die
nichts weniger als Achtung oder gar den Wunsch er=
wecken kann, er möchte sich auch unter uns auf diese
Art regen, ist selbst aus den neuesten Zeitbegebenhei=
ten bekannt genug. Wenn gleichwohl Volksversamm=
lungen, wie die letzten in London und Manche=
ster, wenn halb ernsthafte, halb lächerliche Reden,
Proclamationen und Aufzüge dort weniger befremden,
vielleicht auch weniger schaden als unter uns der Fall
seyn würde, so liegt dieß in der ganzen Verfassung,
und der auf so vielfache Weise gesicherten Constitution;
wiewohl die Wohldenkenden und Verständigen doch
selbst nicht ganz ruhig dabey bleiben und auf Maßre=
geln denken, die Stürme zu beschwichtigen, wohl wis=

send, wie viel Schlechtes gewöhnlich im Hintergrunde ist, wenn die ärmern Volksclassen mit Gewalt Abänderungen ertrotzen wollen, die nur das Werk einer besonnenen Überlegung und tiefen Einsicht in den wahren Zustand der Dinge seyn können.

Aber es gibt schönere Wirkungen dieses öffentlichen Geistes, welche, wiewohl in deutschen Blättern seltener besprochen, und daher zu wenig im Auslande gekannt, desto mehr Achtung und Nachahmung verdienen. Durch jenen Geist sind, theils in der Hauptstadt, theils in dem ganzen Lande und selbst den entferntesten Colonien, Anstalten, Stiftungen und Vereine zu Stande gekommen, die, sowohl in der Vortrefflichkeit ihrer Einrichtung als in der Größe ihres Umfangs, schwerlich ihres Gleichen haben.

Zwey Haupttriebfedern haben dazu gewiß in gleichem Grade mitgewirkt; von der einen Seite der, man darf wohl sagen, der Nation einwohnende Sinn für alles, was Gemeinwohl und National-Ehre fördert, sobald es für diesen Zweck, wär's auch mit der äußersten Anstrengung der Kräfte, nur irgend ausführbar ist; von der andern Seite der religiöse Geist, der, sey er auch mitunter minder rein und lauter doch unstreitig dort mehr als irgendwo durch alle Stände verbreitet ist. An sehr vielen bedeutenden Stiftungen und Vereinen der neuesten Zeit, welche, sobald man näher mit ihnen bekannt ist, fast alle Erwartung und Vorstellung übertreffen, hat offenbar beydes gleichen Antheil. Wenn bey einer großen Anzahl der Unternehmer eine fromme Begeisterung und das hohe Interesse, die Lehren und Gebothe des Christenthums aufrecht zu erhalten und zu verbreiten, den ersten Anlaß gab, so fanden diese auch bey denen, welche vielleicht jene Begeisterung nicht mit ihnen theilten, vielleicht wohl gar Ungläubige oder Gleichgültige waren, dennoch die kräftigste Unterstützung. Es beseelt sie wenigstens ein eben so reger Sinn für alles, was Menschenwohl, Freyheit, Thätigkeit fördert, oder irgend etwas zur Ehre und zum Ruhm der Nation beytragen kann. Daher sieht man Prinzen, Herzoge und viele andere Mitglieder der höchsten Stände, die zum Theil gerade nicht in dem Ruf einer besondern Religiösität oder Sittenstrenge stehen, sich doch willig und oft an alle Vereine, deren Zweck auf gemeinnützige Anstalten und Versuche, oder selbst auf die höchsten Angelegenheiten der Menschheit gerichtet sind, anschließen, und sie durch ein gern übernommenes

Patrocinium schützen und fördern. Wie viel Antheil auch wohl die Eitelkeit daran haben mag, ist ihre Sache. Das Allgemeine gewinnt immer durch ihren Zutritt und Einfluß.

Wie übrigens dieser Geist in einzelnen Einrichtungen und Anstalten hervor tritt, davon wird in einem besondern Abschnitt in der Folge die Rede seyn.

Besuch
einiger der merkwürdigsten Anstalten, öffentlichen und Privatgebäude in und um London.

Daß die Könige und Prinzen in London keine glänzenden Palläste haben, und oft in kleinen Residenzen ganz andere Schlösser für kleinere Fürsten gefunden werden, als dort, ist schon bemerkt worden. Der St. James-Pallast ist wegen seiner Unbedeutsamkeit und Unscheinbarkeit fast berüchtigt, und man hat kaum die Versuchung, sich, wenn man das Äußere sieht, mit dem Innern bekannt zu machen, wie dieß weit eher mit Carleton-House, worin der jetzige König als Prinz von Wales wohnte, der Fall ist. Die Stadtwohnung der **Herzoginn von York**, in der Nähe von **St. James**, kann man kaum von einem Privathause unterscheiden.

Bey weitem die prachtvollsten Gebäude sind großen National-Zwecken und Anstalten bestimmt. Die Hauptstadt hat mehrere durch die Architektur ausgezeichnete **Kirchen**. Die **Bank**, die **Börse**, das neue **Zollhaus**, die **Münze**, das ostindische **Haus**, die Wohnung des **Lord Major**, **Greenwich** und **Chelsea**, deuten durch ihre Größe und das Imponirende ihrer Bauart auf den Reichthum und die politische Höhe, worauf die Nation steht. Andere merkwürdige Gebäude, wie die so einzigen Brauereyen, sind Befürfniß für eine in's Ungeheure gehende Industrie. Vollständige Beschreibungen davon findet man in vielen englischen, auch reichlich mit Kupfern ausgestatteten Werken von **Stowe**, **Maitland**, **Chamberlaine**. Dem Deutschen kann das, was **Volkmann** davon berichtet, so ziemlich genügen *): Ich selbst habe mich nur mit denen näher

---

*) Eine vollständige Übersicht aller dieser Werke sehe man in **Meusels** Literatur der Statistik. Leipzig 1806. 1. Th. S. 526.

bekannt gemacht, welche mir durch ihre histori=
sche Bedeutsamkeit den reichsten Stoff zu Betrach=
tungen lieferten, wozu ich mich denn gewöhnlich des
Morgens durch Nachlesen einiger Hauptschriften vor=
bereitete. Herrn Ackermanns — in einem Saal
seines Hauses befindliches — Museum, worin man
unter andern die herrlichsten Werke über die Merk=
würdigkeiten Londons und ganz Englands fin=
det, both mir dazu die beste Gelegenheit. Es stand
mir täglich offen, und ich habe darin manche Stunde
in einer lehrreichen Einsamkeit zugebracht. Durch die
in seinem eigenen Verlage erschienenen Prachtwerke,
den Mikrokosmus von London, die Be=
schreibung der Westminsterabtey und die
Ansichten von London *), war ich, noch vor

---

*) Die vollständigen Titel sind:
R. Ackermanns Microcosm of London. 3 Vol.
Im größten Quartformat mit 104 colorirten Kupfern.
(Preis 18 Pfd. oder 108 Thlr.)
Desselben History and Antiquities of the Abbey-
Church of St. Peters Westminster. 2 Bde. m. 84 Kupf.
(Pr. 15 Pf. oder 90 Thlr.) — Endlich im gleichen Verlage:
J. B. Papworth Select Views of London with
historical and descriptive sketches of some of the must
interesting of its Public Buildings. 1816. In 78 colorirten
Ansichten. (Preis 3 Pfd. 10 Sch. oder 22 Thlr.)

dem Eintritt, in so manchem großen Denkmahl alter und neuer Baukunst so orientirt, daß ich der Herumführer, so wie der kurzen gedruckten Beschreibungen, welche diese fast überall zum Verkauf anbiethen, kaum bedurfte.

Papier, Druck, Stich und Colorirung in diesen Werken ist gleich vortrefflich. Dem Figurenzeichner Rowlandson hat ein Recensent in der allgemeinen Literatur-Zeitung (1820 Ergänzungsblätter Nr. 25), vielleicht nicht mit Unrecht, den Vorwurf gemacht, daß er dem Zeitgeschmack seiner Nation an Carricaturen wohl im Ganzen ein wenig zu sehr gehuldigt, und die charakteristische Schilderung seiner Landsleute nicht selten zu grell ausgedrückt habe, wenn gleich nicht zu läugnen sey, daß uns auf dem Continent manches am äußern englischen Wesen als Carricatur erscheine, was dort völlig eingebürgert und das Gewöhnliche ist. Übrigens zeigen die zahlreichen Kupfer nicht bloß das Äußere der Ansichten, sondern stellen auch das Innere der Gebäude mit großer Wahrheit und Genauigkeit dar, und geben ein möglichst sinnliches Bild von dem innern Leben, z. B. von der königl. Mahler-Akademie in Sommerset-House; von Astleys Amphitheater; der großen Halle in der Londoner

Bank; dem Auctionssaal der allbekannten Chri=
stie; dem Audienzzimmer in Carleton-House; der
schauderhaften Ansicht des Narrenhospitals, und
dem Innern des Unterhauses, mit dem Spre=
cher und Redner bey voller Versammlung im Par-
laments-Gebäude; — vieler anderer nicht zu gedenken.

Erwarte man denn auch in dem Folgenden weni=
ger detaillirte Beschreibungen der Gegenstände, wor=
über andere Schriften ausführlicher sind, als einen Ver=
such, die Ideen und Gefühle, welche sie in mir geweckt
und zurückgelassen haben, auch meinen Lesern mitzu=
theilen.

Die Westminsterabtey.
(Westminster - Abbey.)

Je mehr man sich diesem ehrwürdigsten Denkmahl aus
dem grauen Alterthum nähert, desto mehr verliert sich
das Geräusch der Volksmenge, welche in den dahin
führenden Straßen unaufhörlich hin- und herwogt.
Schon auf dem Wege wird man durch die Bildsäule
Carl des Ersten zu Pferde an die Unsicherheit
und das Ende aller menschlichen Macht und Hoheit erinnert. Er blickt nach dem Fenster des Pallastes von

Whitehall hin, aus welchem er im Jahre 1649 auf
das vorgebaute Schaffot stieg, um sein Haupt auf den
Block niederzulegen, und, wie 144 Jahre später Frank»
reichs Ludwig, unter dem Beil des Henkers zu fal=
len. Tritt man in die am Tage immer offene Vorhalle
von Westminster, so scheinen auf einmahl alle Pulse
des regen Lebens zu stocken. Ein kalter Hauch überfällt,
zumahl in der Sommerhitze, gleich beym Eintritt den
Wanderer. Neben den todten Marmorbildern ist ein
kleiner schwarz gekleideter Mann, der sich für vorge»
schriebenen Lohn zum Führer anbiethet, oft das einzige
lebende Wesen. Nur zu gewissen Stunden mehrt sich
die Zahl der Besuchenden. Wenn man einmahl den
Weg an der Seite des langweiligen Führers gemacht,
und seine höchst unverständlichen Reden ausgehalten
hat, entledigt man sich gern seiner Begleitung, um un»
gestört hier vorüber zu gehen, dort verweilen und sich
seinen eigenen Empfindungen überlassen zu können.
Bald ist ein einfacher von dem Fußtritt der Besucher
schon fast verblichener Nahme auf einem Grabsteine,
um eine lange Gedankenreihe anzufangen, bedeutungs»
voller, als das pomphafte Marmor=Denkmahl in seiner
Nähe. Bald verliert man sich bey dem Blick auf das
Ganze in der Betrachtung, welche Heldengestalten hier

in Staub und Asche versunken, zu den früheren der Vorzeit versammelt sind.

Die erste Anlage der Westminsterkirche*) geht in die allerältesten Zeiten des in England verbreiteten Christenthums zurück, und ihre Geschichte verliert sich in ganz ungewissen Sagen. Gewisser ist, daß das Gebäude in der Form eines Kreuzes — welche hernach Normalform für alle englische Kathedralen ward — unter Eduard dem Bekenner (um's Jahr 1041) aufgeführt, und nach und nach von mehreren Königen theils erweitert, theils ausgeschmückt, so wie die Ausbesserung und Erhaltung, wie sie die Zeit nöthig machte, seit der Mitte des siebenzehnten Jahrhunderts ein Gegenstand der Fürsorge des Parlaments geworden ist. Die Länge des Gebäudes ist 360 Fuß, die Breite, da wo die Grundform des Kreuzes ist, 165 Fuß. Der prächtigste Nebentheil aber, selbst eine eigene Kirche bildend, ist die im Anfang des sechszehnten Jahr-

---

*) Münster bedeutet eben so viel als Kirche. Von Monasterium abgeleitet, ist Mönster statt Kloster oder Klosterkirche wohl die richtigste Schreibart. Nach und nach ist Münster daraus geworden, und die Engländer, die keine Doppellauter haben, machen Minster daraus. Die Kirche, von der hier die Rede ist, liegt gegen Abend: daher Westminster.

hunderts von Heinrich VII. erbaute Capelle, das große Meisterwerk der gothischen Baukunst, „das" — wie sich ein englischer Schriftsteller ausdrückt — „so sehr alle menschliche Kunst übertrifft, daß man denken könnte, die Allmacht habe den Bau geleitet, und die Engel hätten ihn ausgeführt." Außerdem ist sie von zehn andern kleinern Capellen umgeben, in welche sämmtlich aus der Kirche der Eingang durch steinerne Wendeltreppen führt.

Das Ganze nun dieser Kirche und dieser Capellen ist schon architektonisch höchst merkwürdig. Zwey - erhabene Thürme nach gothischer Art, mit mehreren kleinern in die Luft sich erhebenden geziert, schmücken den Eingang an der Westseite. Ein prächtiges Portal führt in das innere Heiligthum. Schlanke, leicht und kühn gebildete, und doch verhältnißmäßige Pfeiler, herrlichen mit prächtiger Verzweigung gekrönten Baumstämmen ähnlich, tragen das hohe Gewölbe. Durch die hohen Fenster dringt zwar hinreichend Licht. Aber es wird durch die antike Mahlerey mehr dämmernd, und erhöht selbst dadurch den Eindruck der — mit einem nicht zu beschreibenden Kunstfleiß gearbeiteten — Verzierungen.

Indeß gewinnt doch dieß ehrwürdige Denkmahl das höchste Interesse durch die fast nicht zu berechnende

Menge der Todten, die in seinem Schooß ihre letzte Ruhestätte gefunden haben. Ehe ich weiter hiervon rede, scheint es zweckmäßig, einige darüber herrschende Vorstellungen zu berichtigen, die selbst durch viele Reisebeschreibungen nach und nach in Umlauf gekommen sind.

Man irrt zuerst, wenn man meint, daß es eine den Engländern ganz eigenthümliche Idee sey, ihre großen Männer an der Seite der Könige zu begraben. Westminster war, wie vordem so viele andere Kathedralen und Kirchen aller christlichen Länder, ein Begräbnißplatz für alle, denen es nicht an Mitteln fehlte, die höhern Kosten eines Kirchengewölbes zu bezahlen. Auch in Holland und Deutschland ruhen ja viele angesehene Bürger, Gelehrte und Geistliche ganz nahe bey Fürstengrüften. Nicht also das Verdienst, sondern Stand und Vermögen hat bey vielen auch hier Bestatteten auf der Wagschale gelegen. In die prächtige Haupt-Capelle sollte übrigens, nach der ausdrücklichen letzten Verordnung des Erbauers Heinrich VII., durchaus nichts aufgenommen werden, als was aus königlichem Blut entsprossen wäre, und so ist es auch streng gehalten worden; dagegen manchem Denkmahl wahrhaft königlicher Geister ein ziemlich unscheinbarer Winkel in den Kreuzgängen angewiesen ist.

Nächstdem irrt man auch wenn man glaubt, daß Alle, deren Monumente man erblickt, hier selbst begraben liegen. Bey den Meisten ist dieß zwar der Fall. Andere aber (wie Milton, Shakespeare, General Wolf) liegen fern von hier, und es haben die Parlamente sowohl als einzelne reiche Privatpersonen die großen Nahmen durch zum Theil kostbare Denkmähler und dankbare Inschriften im Andenken der Nation zu erhalten gesucht.

Die Gräber selbst, ihre Monumente und Denksteine, sind nun in dem ganzen unübersehbaren Raum der Kirche zerstreut, theils in dem Schiff und an den Seitenwänden, theils in den einzelnen Capellen, in welchen besonders die ältesten, vor denen schon sechs bis sieben Jahrhunderte vorüber gegangen sind, gefunden werden. Zuerst tritt man gewöhnlich in den Theil des Tempels, wo Denkmahle berühmter Schriftsteller, Dichter, Redner und Gelehrten aller Art die Wände bedecken, wovon er den Nahmen des Poeten-Winkels (the Poets Corner) erhalten hat. Shakespeare's Denkmahl, wovon das Modell auch unter uns in Gyps und Kupferstichen aus den Ausgaben seiner Werke nicht unbekannt ist, fiel mir zuerst in die Augen. Gedankenvoll steht er in ganzer Figur in einer freyen

Stellung, lehnt sich an ein Postament und zeigt auf eine herab hängende Pergamentrolle, worauf man folgende aus einem seiner Schauspiele entlehnte Worte lieset, die man zugleich als die bedeutsamste Inschrift zu dem Eingang dieser mit Schauer erfüllenden Behausung so vieler Gewaltigen, die einst auf der irdischen Höhe der Menschheit standen, betrachten kann:

> So werden
> Die wolkenhohen Thürme, die Palläste,
> Die hohen Tempel alle, selbst der große Erdball
> Und was ihm angehört, einst untergeh'n,
> Und ohne Spur verschwinden! — Dem Stoff
> Aus dem der Traum gewebt ist, gleicht der uns're;
> In langen Schlaf versinkt das kurze Leben.

Ein vaterländisch=magnetisches Gefühl zog mich von Shakespeare's Denkmahl zu der Ruhestatt zweyer großer deutscher Künstler, deren Verdienst zu huldigen sich selbst die stolze Britannia nicht geschämt hat, des großen Mahlers Kneller unter den Regierungen Carl II., Jacob II., Wilhelm III. und Georg I., und des gleich großen Musikers G. F. Händel. Wer kennt Klopstock, ohne hierbey nicht dessen zugedenken, was in seiner herrlichen Ode Wir und Sie, an die man überhaupt, wenn man in England lebt,

Wort für Wort erinnert wird, in Beziehung auf jene
beyden Kunstgenie's sang:

> Wer ist bey ihnen, dessen Hand
> Die trunkne Seel' im Bilde täuscht?
> Selbst Kneller gaben wir?
>
> Wen haben sie, der kühnern Flugs
> Wie Händel Zaubereyen tönt?
> Der hebt uns über sie.

Kneller's Denkmahl ist einfach; weit stattlicher das
des unsterblichen Componisten so vieler noch immer in
Deutschland bewunderten Oratorien (des Messias, Judas Makkabäus, Saul u. s. w.), der auch in England
noch bis diesen Augenblick eine unbegränzte Verehrung
genießt. Der geniale Künstler steht — edel an Gestalt
wie an Bildung — aufrecht, den linken Arm auf musikalische Instrumente gestützt. Höchst ausdrucksvoll richtet
er das Haupt empor, um auf die Töne einer Harfe,
mit welcher ein Engel aus den Wolken herab steigt, zu
horchen. Vor ihm liegt von der Partitur seines Messias das Blatt, worauf die berühmte Arie steht: „Ich
weiß, daß mein Erlöser lebet." Die Inschrift
ist ganz einfach: „Georg Friedrich Händel, Esquier; geb. den 23. Februar 1684, gest. den 14. April

1759." Eine Andeutung, daß er ein Deutscher, Halle sein Geburtsort war, sucht ich umsonst.

Wenn gleich einige Monumente auch von Seiten der Kunst Aufmerksamkeit verdienen, so gilt dieß doch nur von der kleinern Zahl, besonders den neueren. Die Kunst ist überhaupt nicht das, worin die Engländer sich auszeichnen. Auch in Westminster sind gerade manche, die Werth haben, Werke der Ausländer. Zu denen, welche die Britten selbst am höchsten schätzen, gehören die von Ruysbrack und Roubillac. Jener war aber ein Holländer, dieser ein Franzose. Erst jetzt haben sie in John Flaxmann einen Künstler, den auch das Ausland ehrt, und der in den Denkmahlen auf Lord Mansfield und den großen Seehelden Nelson in der St. Paulskirche sein hohes Talent bewährt hat. Unter allen, worauf man den Fremden in Westminster aufmerksam macht, und wovon man in dem höchsten Superlativ der Bewunderung spricht — worin überhaupt viele Engländer, wenn von dem was sie haben die Rede ist, beynah noch über die Franzosen kommen, — wird nichts so oft genannt, als das Monument, welches ein reicher Privatmann, Neitinggäle (Nightingale), seinen Ältern setzen ließ. Es ist, so wie das Händel'sche, von Roubillac. Ich gestehe offen, daß es weit unter meiner Erwartung blieb. Der Vater verlor die hochgeliebte Gattinn in der Blüthe der Jahre. Was hat nun der Künstler gethan, um dieses seiner Natur nach rührende Schicksal so darzustellen, daß es eine wahrhaft tragische Wirkung hervor bringen müßte? Der untere Theil des an die Wand gelehnten Monuments stellt eine Gruft vor, mit einer kleinen, halb geöffneten Decke. Darüber erblickt man die Gattinn, die todtkrank in den Arm des Gemahls zurück sinkt. Mit dem Ausdruck der Angst und des Entsetzens streckt jener den Arm vorwärts, um den aus jener halbgeöffneten Gruft mit einem Pfeil in der Hand heraufzielenden Tod von ihr abzuwehren. Trefflich ist die Hauptfigur — der Gatte, in dessen Gesicht sich Entsetzen und tiefer Gram lebendig ausdrückt. Göde, in seinem übrigens so schätzbaren Werk über England, thut auch dem Künstler sehr Unrecht, wenn er die Gattinn als schon entseelt beschreibt und dann fragt: „Wovor fürchtet sich denn der Gatte? Der entscheidende Schlag ist ja schon geschehen, und so mußte ihm der Tod jetzt eine willkommene Erscheinung seyn. Es scheint, er sey nur auf seine eigene Sicherheit bedacht, und dieß bringt in der That eine höchst komische Wirkung hervor." Wie konnte Göde doch selbst einem mittelmäßigen Künstler einen solchen Fehlgriff zutrauen? Aber desto tadelhafter schien mir die widrige Darstellung des Todes, der in der gewöhnlichen, hier noch dazu durch den engen Raum kleinlichen Gestalt des Knochenmanns, mit dem hohlen grinsenden Schedel, der Gruft entsteigt, und man begreift nicht wie eine so durchaus unkünstlerische Idee selbst von solchem Künstler hat gewählt werden können. Wenn auch die ältere Griechische vom Genius des Todes hier nicht anwendbar war — wiewohl ich nicht sehe was es hinderte — ließ sich denn der König der Schrecken nicht würdiger darstellen? Auf Unschicklichkeiten dieser Art stößt man indeß bey vielen dieser Denkmähler.

Daß der Eindruck, welchen die vielen hundert Monumente und Gedächtnißtafeln machen, durch ihre planlose Anordnung und das bunte, oft ganz unsymmetrische Gemisch des Großen und Kleinen, des Mittelmäßigen und des Bessern, geschwächt, auch das Auge hier und da durch den darauf liegenden Staub, oder die Verstümmelung einzelner Figuren gestört wird, ist nicht zu läugnen. Das Große und Hehre des Gebäudes, und der Gedanke, was es seit sieben Jahrhunderten in sich aufgenommen hat, — das ist es eigentlich, was die Seele am stärksten ergreift und bewegt. So manche unvergeßliche Männer der Nation haben gar kein Denkmahl, und nur ihr Nahme steht auf dem Quaderstein, der ihr Grab bezeichnet. Aber dieser Nahme selbst ist ihr Denkmahl, das alle andere überleben wird. — So schien mir schon in Delft die einfache Aufschrift: „Dieß ist das Grab des Hugo Grotius!" auf seiner Gruft mehr zu sagen, als die wortreiche lateinische Inschrift über derselben. Eben so macht die Zeile auf dem Grabe des Zeitgenossen Shakespeares: „O rare Ben Johnson!" und selbst der bloße Nahme Pitt, Fox, Sheridan, auf dem Stein, der ihre Gruft bedeckt, für jeden der nicht fremd mit ihrem Leben und Wirken ist, jede andere Lobschrift entbehrlich.

Am längsten verweilte ich immer in den Seiten-Capellen, in welchen die alten Beherrscher Englands bestattet liegen. Wer der englischen Geschichte, die besonders in einzelnen Perioden ein so hohes Interesse hat, nur einiger Maßen kundig ist, muß hier von den mannigfaltigsten Empfindungen durchdrungen werden. Eine Zeitlang werden ihn die Denkmahle selbst beschäftigen, in denen sich auch der wechselnde Geschmack der fortschreitenden Zeit abbildet. Es sind meist steinerne, auf Postamenten ruhende, sargartige Behältnisse (Sarkophage), an den Seiten mit fein gearbeiteten historischen Basreliefs verziert. Auf ihnen liegen Figuren in Lebensgröße,

theils in Marmor, theils in Erz, in das Costüme ihrer
Zeit gekleidet, starr hingestreckt, und trotzen der Zeit,
indeß die Leichname in den steinernen Särgen oder den
unterirdischen Gewölben längst in Staub und Asche
verwandelt seyn mögen. Bald ermüdet aber die Einför=
migkeit das Auge, und lieber verliert man sich dann in
der Erinnerung an die Geister, welche einst diesen
Staub belebten; an die Herrscher, die ihre auf immer
geschlossenen Lippen einst zu Segen und Fluch öffneten;
die nun erstarrten Hände mit dem Schwert bewaffneten,
oder sie zahllose Todesurtheile unterzeichnen ließen; die
gebrochenen Herzen, in denen so oft Haß und Liebe
wechselnd gekämpft hatte. Bey den Gräbern der Hein=
riche, der Eduarde, wie erneuert sich da das Anden=
ken an die blutigen Fehden der rothen und weißen Rose
in den Häusern York und Lancaster, die erst ihr
Ende erreichten, als die Muttererde diese feinseligen
Kinder in ihrem Schooß zum Frieden zwang. Wer stünde
besonders nicht still an dem stattlichen Denkmahl, das
Jacob I., Elisabeths Nachfolger, seiner unglücklichen
Mutter Maria Stuart*) errichten, und ihre, anfangs

---

*) Maria Stuart, Thronerbinn Königs Jacob V. von
Schottland, ward 1542 geboren, 1558 mit Franz II. von
Frankreich vermählt, achtzehn Monathe darauf Witwe.

im Dom zu Peterborough, in der Nähe ihres Gefängnisses zu Fortheringa bestatteten Überreste, darin aufbewahren ließ *). In gleicher Linie, nicht sehr weit davon getrennt, erblickt man das Monument ihrer Todtfeindinn Elisabeth, jenem in Größe und äußerer Form bis zum verwechseln ähnlich. Steht man zwischen beyden Gräbern, — gern überläßt man sich dann der Täuschung, als sähe man die beyden Königinnen selbst der Gruft entsteigen, und, wie in Schillers berühmtem Trauerspiel, einander gegenüber stehen; als hörte man die schönste — so bezeugen es die Geschichtschreiber einmüthig — und die unglücklichste Frau ihrer Zeit der Unversöhnlichen zurufen:

Sie vermählte sich als Königinn von Schottland mit Darnley (aus welcher Ehe Jacob VI. von Schottland, nachmahls Jacob der I. von England, entsproß), dann mit Bothwell, wodurch sie die Krone verlor, nach England flüchtete, da von der Königinn Elisabeth, als geheimer Anschläge verdächtig, gefangen gesetzt, und nach neunzehnjähriger Haft 1587 hingerichtet ward. Elisabeth regierte von 1558 bis 1603, wo sie, von aller Glorie des Ruhms umgeben, zuletzt, man sagt aus Gram über Essex Hinrichtung, in tiefe Schwermuth versunken, starb.

*) Die Inschrift findet man in den Zusätzen zu diesem Theil, I.

„Ich habe menschlich, jugendlich gefehlt,
Die Macht verführte mich: ich hab' es nicht
Verheimlicht und verborgen; falschen Schein
Hab' ich verschmäht mit königlichem Freymuth.
Das Ärgste weiß die Welt von mir und ich
Kann sagen, ich bin besser als mein Ruf.
Weh' euch, wenn sie von euren Thaten einst
Den Ehrenmantel zieht! —
Regierte Recht, so läget ihr vor mir
Im Staube jetzt, denn ich bin eure Königinn."

Hat der Dichter, von Mariens hartem Schicksal ergriffen, sie in ein zu schönes Licht gestellt, so hat er wenigstens, was er menschlich fühlte, vortrefflich ausgesprochen; ob historisch wahr, wer mag es entscheiden, als jener untrügliche Richter, dem es allein zusteht, auch zu den Göttern der Erde zu sagen:

„Auf meiner Wage hab' ich dich gewogen;
Und sieh'! ich habe dich zu leicht gefunden."

Daniel 5, 27.

So viel von der Westminsterabtey, welcher als Fürstengruft der Dom in Rothschild bey Kopenhagen, und die Kathedrale von St. Denys, am nächsten kommt. Wer die einzelnen, fast unzähligen Denkmähler näher kennen lernen möchte, muß das Ackermann'sche Werk über die Abtey zur Hand nehmen, wo jedes Einzelne mit allen Inschriften und historischen Merkwürdigkeiten beschrieben und selbst in getreuen Abbildungen verjüngt dargestellt ist. Bey dem ersten Besuch kann allenfalls die kleine historische Beschreibung, welche man an Ort und Stelle für Einen Gulden kauft, die Stimme des so unverständlichen Herumführers vertreten.

Den Wunsch so vieler Reisenden, daß man in einem Lande der höchsten Reinlichkeit und Eleganz einen so besuchten Ort doch sauberer halten und vor Staub und Spinnen bewahren möchte, habe ich eben so wenig als das Gefühl unterdrücken können, daß den geputzten Wachsfiguren der Königinnen Elisabeth, Maria, Anna, dann Wilhelms, Pitt-Chathams, Nelsons, welche hier in einigen Capellen in Wandschränken stehen, eine andere Stelle in irgend einer Curiositäten-Kammer, allenfalls im brittischen Museum, weit angemessener seyn würde. Mit den marmornen und metallenen Denkbildern, von denen man hier überall umgeben ist, steht Stoff und Costüme in einem zu grellen Contrast, und es geht ihnen, außer der vollkommensten Ähnlichkeit, jedes andere Verdienst ab.

Die St. Paulskirche.

Wenn man sich London naht, ja fast auf jedem höhern Standpuncte der Stadt, nahmentlich auf allen Brücken der Themse, erblickt man die majestätische Kuppel des zum Himmel empor strebenden Doms, — die St. Paulskirche. Es ist nur eine Stimme, daß sie zu den vollkommensten Werken der neuern Baukunst gehöre, und ihr der nächste Rang nach St. Peter zu Rom gebühre. Aber auch das wird, so wie man ihr näher kommt, allgemein gefühlt, daß der Eindruck ungleich größer seyn würde, wenn sie in freyerer Umgebung stünde, wenn Straßen und Gebäude aller Art sich nicht zu nahe an sie drängten, so daß zuweilen der Weg von beyden Seiten durch Fußgänger, Kutschen und Fuhrwerke aller Art versperrt wird; daß insonderheit die kleinlichen Leichensteine auf dem Kirchhofe, und die gleich hinter dem, ihn umkränzenden Eisengitter stehende, wunderliche, enggeschnürte und breitbereifrockte Statue der Königinn Anna, die dem Auge entgegen starrt, die Wirkung störe, welche ein, in so hohem Styl gedachtes, architektonisches Kunstwerk machen muß.

Auf derselben Stelle stand schon vor dem furchtbaren Brande im Jahre 1666, welcher einen sehr großen Theil

Londons in die Asche legte, eine berühmte und herrliche Kathedrale, die vom Bischof Mauritius im Jahre 1086 angefangen, erst 1240 ganz vollendet, und unter Jacob I. mit sehr großen Kosten erneuert war. Anfangs wollte man die selbst in Zerstörung noch prächtigen Ruinen neu ausbauen, und es mußten, da man hernach dennoch beschloß, etwas ganz Neues und wahrhaft Großes zu schaffen, an 47,000 Lasten Schutt und Steine mit großen Kosten weggeschafft werden. Indeß entwarf der, nach Inigo Jones, berühmteste aller englischen Architekten, Christoph Wren, den ersten Plan, dessen Zeichnungen man noch aufbewahrt; den er jedoch, da man darauf bestand, der Kathedrale die Form eines Kreuzes zu geben, umarbeiten mußte. Nach diesem letztern ist das Prachtwerk ausgeführt. Man bemerkt es mit Recht als einen eigenthümlichen Umstand, daß, obwohl der Bau fünf und dreyßig Jahre erfordert habe (von 1675 — 1710), dennoch nicht nur der Baumeister Wren, sondern auch der Maurermeister Thomas Strong und der Bischof von London, D. H. Crompton, wie den Anfang so die Vollendung des Werkes erlebten und sämmtlich der feyerlichen Einweihung beywohnen konnten.

Ich will versuchen, ob es auch ohne begleitende

Abbildung der Sprache gelingt, den Lesern von dieser Kirche, die wohl in Europa unter den protestantischen, so wie die Peterskirche unter den katholischen, auch von Kunstverständigen bey weitem die besuchteste ist, eine einiger Maßen deutliche Vorstellung zu machen.

Gehen wir von Temple-Bar, oder dem Thor, das Westminster von der Altstadt scheidet, in ganz gerader Linie von Westen nach Osten hinauf, Fleetstreet und Ludgate Hill entlang, so stoßen wir auf das vordere Gegitter des etwas höher liegenden Kirchhofs von St. Paul. Hier erhebt sich eine marmorne etwa 40 Fuß breite Treppe auf 20 Stufen. Zwölf gekoppelte korinthische Säulen tragen den Architrav, und auf der Mitte desselben acht römische, darüber das triangelförmige Frontispiz, worin im marmornen Basrelief Paulus auf dem Wege nach Damaskus abgebildet ist. Zur Linken und Rechten der Treppe erheben sich in sehr schönen Formen hohe Glockenthürme. Tritt man durch diese offene Vorhalle in das Hauptportal, und so in das Innere des hohen Doms, so ist der Anblick des auf erhabenen Säulen ruhenden Gewölbes bis in die Mitte, wo sich die Kuppel auf zwey und dreyßig Säulen erhebt, so ergreifend und überwältigend, daß man sich im ersten Augenblick mehr gedrückt und beklommen als erhoben fühlt *). Denn kein heller Punct begegnet dem Auge, keine Verzierung, kein Bild, erheitert die grauen Flächen der Mauern. So verliert man sich denn anfangs in dem so leeren und öden Raum, in welchem sich selbst dem Müden kein Ruhesitz anbiethet,

---

*) So fühlte auch Madame Schopenhauer. Wahr und schön sagt sie: „Es ist ein Tempel im höchsten Sinne des Wortes. Ein feyerliches Grauen, eine Art Bangigkeit, die uns fast des Athems beraubte, ergriff uns, da wir mitten in der Kirche stehend hinauf blickten, bis dahin, wo beynahe unabsehbar der Dom sich wölbt, „ein zweyter Himmel in dem Himmel." Es war kein erhebendes, es war ein beängstendes Gefühl. Die wenigen Menschen um uns her schwanden fast vor unsern Blicken, und machten durch ihre Kleinheit die gewaltige Größe dieser Steinmasse uns erst recht anschaulich. Es wurde sehr schwer, sich von diesem ersten Eindrucke loszureißen. Solche Pygmäen waren es doch auch, welche dieß erstaunenswerthe Werk durch vereinte Kraft empor thürmten, und ein einziger unter ihnen bildete es vor seinem Geiste, noch ehe es sich in die Lüfte erhob. Ja, er dachte sich es noch weit herrlicher, als es jetzt dasteht; er allein leitete die Kräfte der vielen Hunderte, die arbeiteten und sich abmühten, und doch nicht deutlich wußten, was sie thaten. Jetzt ruhen der Werkmeister und die Arbeiter; aber ihr Werk wird stehen, trotzend der mächtigen Zeit, in herrlichen Ruinen, wenn die ganze volkreiche Stadt längst eine Wüste ward wie Palmyra und Persepolis."

da sich der Gottesdienst bloß auf das hohe Chor, das durch ein Gitter und die Orgel darüber abgeschlossen ist, beschränken muß. Wie wäre dieß auch anders möglich, da die ganze Länge 500 Fuß, die Breite an dem Kreuz 285 Fuß beträgt! Am Fuß der Kuppel läuft eine Gallerie umher, zu der man auf einer Wendeltreppe von 200 Stufen gelangt. Dieß ist die berühmte Flüster-Gallerie (Whispering Gallerie). Wohl nirgends kann man einen stärkern Eindruck von der Kraft und den Gesetzen des Schalles als hier bekommen. Das bloße Öffnen und Schließen der Thüre gleicht vollkommen einem starken Pistolenschuß. Man mag so leise als man will gegen die Wand sprechen, der Gegenüberstehende hört es in einer Entfernung von mehr als 100 Fuß (dem Durchmesser der Kuppel) so laut und deutlich, als ob der Redende neben ihm stünde. Will man die ganze Höhe, die über 500 Stufen beträgt, ersteigen, so erreicht man die höchste, nur 1½ Fuß breite Gallerie, von welcher man gefahrlos den ganzen ungeheuern Mikrokosmus von London überschaut, und alles, was dort unten groß und prachtvoll ist, zu seinen Füßen in kleine kaum noch kenntliche Gestalten zusammen sinken sieht.

Steigen wir schwindelnd von dieser Höhe wieder herab in das Schiff des Doms, und haben uns von dem

wunderbaren Eindruck des großen Ganzen erhohlt, so
verdienen allerdings auch die Monumente, die man
erst seit 1790 in diesem Heiligthum ausgezeichneten Männern der Nation zu errichten angefangen und an die
Pfeiler und Nischen angelehnt hat, unsere Aufmerksamkeit; einige wegen der künstlerischen Ausführung, wie
die Werke Flaxmanns; andere mehr wegen der großen Nahmen, an die sie erinnern, wie Johnson,
Reynolds, W. Jones, und vor allen des edlen,
auch in Deutschland wohl bekannten J. Howard, der
selbst als das Opfer seiner unermüdeten Bemühungen
um die Verbesserung der Gefängnisse starb. Andere sind
berühmten Helden zur See und zu Lande gewidmet. Unter ihnen ist das Nelson'sche das neueste. Auch die
Asche dieses von der Nation vergötterten Seehelden ruht
in diesem Dom. Steht man gerade unter der Kuppel
auf dem Fußboden von mosaischer Arbeit, so kann man
durch ein Gegitter schon etwas von seiner Gruft gewahr
werden. Steigt man aber hinab in die unterirdischen
Gewölbe, welche sich unter dem ganzen Dom hinziehen,
so sieht man den marmornen Sarkophag, welcher seine Gebeine umschließt. Diesen ließ einst jener
mächtige und zuletzt durch Heinrich VIII. so tief von seiner Höhe gestürzte Cardinal Wolsey, eben der, wel-

cher in dem Augenblick seines Falles ausrief: „Hätte ich meinem Gott nur halb so treu wie meinem Könige gedient, er hätte mich nicht verlassen!" in jener Capelle zu Windsor für seine dereinstige Bestattung bereiten, nicht ahnend, daß nicht er, sondern ein ganz anderer nach drey Jahrhunderten seine Ruhe in dieser steinernen Hülle finden würde.

Am längsten verweilt man doch in diesen schauervollen Gewölben an dem einfachen Grabsteine des Erbauers Christoph Wren, und freut sich, einmahl eine eben so geistvolle als wahre Inschrift zu finden.

Dieser Kirche und dieser Stadt Erbauer ruhet hier.
Über vierzig Jahre hat er nicht sich, sondern dem Gemeinwohl gelebt.
Leser! suchst du sein Denkmahl, so blick' umher! *)

Wohl muß jedes andere Monument, selbst jedes königliche Mausoleum, vor dem kolossalen, das er sich in dieser Kathedrale, so wie in und außer London in seinen Werken erbaut hat, verschwinden.

Überhaupt gehört C. Wren in die Reihe der merkwürdigsten Menschen seiner und aller Zeiten. Die beyspiellose Thätigkeit seines Lebens beginnt schon in seiner

---

*) Si monumentum requiris — circumspice.

frühesten Jugend. Dreyzehn Jahre alt, erfindet er ein
neues astronomisches Instrument, das er, so wie eine
Abhandlung de ortu fluminum, und überhaupt alle seine
jugendlichen Versuche, seinem Vater mit geistreichen la=
teinischen Distichen begleitet, widmet *). Kein Jahr
geht hin, seit der Vierzehnjährige Mitglied des
Wadham=Collegiums zu Orford geworden ist,
ohne daß neue Schriften oder neue Erfindungen von ihm
an's Licht treten. Man kann in seiner Biographie nicht
ohne Erstaunen lesen, was er, als Lehrer der Astrono=
mie in London und Orford, durch Arbeiten in allen
Theilen der Mathematik und Naturlehre geleistet, und
wie er bey einer seltenen Belesenheit in allen Werken
der Vorzeit und des Aus= und Inlandes, das Reich der
Wissenschaften unabläßig erweitert hat. Das bemerkens=
wertheste aber bleibt der seltene Verein theoretischer
und speculativer Wissenschaftlichkeit, mit
dem ganz einzigen praktischen Genie, welches mit
wahrhaft schöpferischer Kraft so viele große und bewun=
derte Werke der Baukunst entworfen, bey ihrer Aus=
führung die Seele zahlloser menschlicher Kräfte und

---

*) Z. B. Jure accepta tibi refero flumina, pulchra
   Derivata suum respicit unda caput.

mechanischer Werkzeuge geworden ist, durch welche, von ihm regiert, diese zum Theil kolossalen Werke ausgeführt sind. Das Scheldon'sche Theater, die Vollendung der Palläste zu Winchester, Greenwich, Chelsea, hätten allein schon seinen Nahmen unsterblich gemacht. Aber durch die furchtbare Feuersbrunst, deren bereits oben gedacht ist, öffnete sich ihm ein Schauplatz der Thätigkeit, wie schwerlich ein ähnlicher irgend einem Architekten alter und neuer Zeit geworden ist. Man zählt über sechszig Kirchen und öffentliche Gebäude, die nach seinem Plan und unter seiner Leitung von 1668 — 1718, wo er Oberaufseher aller königlichen Bauten war, vollendet sind. Doch erfuhr auch er den Wechsel menschlicher Dinge. Eine neue Regierung führte neue Günstlinge herbey. Zurück gesetzt, von allen öffentlichen Geschäften frey, beschloß er die letzten fünf Jahre seines Lebens in philosophischer Stille. „Nunc me," sagte er da, „fortuna jubet expeditius philosophari!" In naturhistorischen und mathematischen Forschungen, und täglicher Beschäftigung mit der heiligen Schrift, fand der bescheidene, tugendhafte und fromme Mann, dafür galt er allgemein, reiche Hülfsquellen. Vom Alter gebeugt, in seiner Jugend selbst ein so guter und dankbarer Sohn, erlebte er große Freude an edlen Kindern, und überließ es gern seinem Sohne, den letzten Stein auf die Kuppel der St. Paulskirche zu setzen. Glücklich alle Väter, denen der Trost wird, daß ihre Kinder, was sie selbst auf irgend eine Art gegründet und begonnen haben, würdig vollenden!

Das Äußere der St. Paulskirche würde einen ungleich schönern Anblick gewähren, wenn nicht die mit edlen, in zwey Reihen über einander stehenden Pilastern decorirten Mauern von dem Kohlendampf, der alle Gebäude Londons grau färbt, ihre ursprüngliche Farbe verloren hätten, die denn doch, wo der Regen scharf darauf getroffen hat, wieder weiß hervor tritt, und daher dem Ganzen ein buntes Ansehen gibt.

Besucht wird übrigens diese Kirche nur wenig. Sie ist mehr für feyerliche Gelegenheiten bestimmt. Im Monathe May hört man da die schönste heilige Musik der größten Meister. Täglich besorgen die Domherren und Vicare Gebeth und Chorgesang nach der Liturgie. Leider war der schöne Festtag eben vorüber, wo an acht tausend arme Kinder der Parochial=Schulen, welche die Stadt erhält, sich hier zu Dankgesängen und Gebethen versammeln.

Mögen sie von der Predigt, welche bey dieser Gelegenheit gehalten wird, um sie an die Fürsorge mit welcher die Vorsehung über ihnen waltet, zu erinnern, noch so wenig verstehen, — es bleibt doch eine schöne Sitte, an einem jährlich wieder kehrenden festlichen Tage selbst durch einen sinnlichen Eindruck auf sie zu wirken, und zugleich durch den Anblick so vieler Hülfsbedürftiger in den Erwachsenen den Sinn für Wohlthätigkeit und für fromme Stiftungen zu wecken.

Die St. Paulskirche hat einen Bischof, einen Dechanten, einen Präcentor, einen Kanzler, einen Schatzmeister, fünf Archidiaconen, dreyßig Domherren, zwölf Canonicos minores, sechs Vicarien, und eine große untergeordnete Dienerschaft. Dicht neben ihr ist die St. Paulsschule, eine der vornehmsten in London.

Die Westminsterhalle.
Das Ober- und Unterhaus des englischen Parlaments.

Sowohl die große Westminsterhalle (die man nicht mit der Westminsterabtey verwechseln muß), als der Versammlungsort des Ober- und des Unterhauses, sind zum Theil Überreste eines alten königlichen Pallastes, zum Theil auf dessen

Fundamenten erbaut, so daß wohl manche Gemäuer an sechshundert Jahr alt seyn mögen. Die Zeit und die Baulust der verschiedenen Regenten hat viele Veränderungen und Umgestaltungen herbey geführt, und die jetzige Einrichtung reicht nur bis zur Reformation, ein Theil des Ganzen nicht einmahl so weit, hinauf. Das Äußere ist von gar keiner vorzüglichen Wirkung, und gleicht mehr einer Reihe großer Häuser als einem National=Gebäude. Ich besuchte mit meinem Reisegefährten den Saal der Generalstaaten und Volksrepräsentanten im Haag, welcher eben so glänzend als geschmackvoll ist, und er warnte mich im voraus, nichts Ähnliches von dem Parlamentshause in London zu erwarten.

Am meisten imponirt die große, gegen die Straße zu stets offene Westminsterhälle, welche zunächst an das Local angränzt, worin sich das Unterhaus versammelt. Sie gilt für den größten Versammlungssaal in ganz Europa. Das Deckgewölbe, 90 Fuß hoch, wird von keinem einzigen Pfeiler getragen. Sie selbst ist 270 Fuß lang und 79 Fuß breit. Die Decke ist von Nußbaumholz in den zierlichsten gothischen Gestaltungen. Bey feyerlichen Gelegenheiten wird das Ganze mit Gallerien und erhöhten Sitzen versehen, und mit Teppichen behangen. Hier gab einst Richard II.

(1377) das große Weihnachtsmahl, das zwey tausend Köche bereitet haben, wobey zehn tausend Gäste gegenwärtig gewesen seyn sollen. Hier stånd der unglückliche Carl I. vor jenem Gericht, das sein Todesurtheil sprach. Hier wurde der siebenjährige Prozeß des Gouverneurs von Ostindien, Hastings, geführt, und im Jahre 1795 entschieden, der uns so oft in den Zeitungen bald unterhielt, bald ungeduldig machte. Hier hat oft der Strom einer Beredsamkeit, wie man sie in der alten Welt nur auf dem Areopagus Athens und dem Forum von Rom zu hören gewohnt war, die Gemüther wie auf den Wogen getragen, bald hierhin und dahin mit sich fortgerissen, und den kämpfenden Parteyen bald Sieg bald Niederlage bereitet.

Geht man durch diese ungeheure Halle, so findet man am Ende, dem Eingang gegenüber, einige Stufen, die links durch einen dunkeln Gang in das Unterhaus (Haus der Gemeinen, House of Commons) durch große Doppelthüren führen, welche jedoch nur den Parlamentsgliedern offen sind. Die Zuschauer aber gelangen durch eine enge Treppe auf die Gallerie. Es kann indeß nur eine Karte von einem Parlamentsgliede, oder ein Geschenk einer halben Krone

(20 Gr.) an den Mann, welcher am Eingange steht, die Gatterthür öffnen. Hat man sich durch das zuweilen fast erstickende Gedränge auf der Treppe in diese Gallerie, die höchstens gegen zwey hundert Menschen fassen mag, hindurch gewunden, und einen Sitz auf den stufenweise erhöhten Bänken gewonnen, so übersteht man den ganzen Saal. Er hat einen sehr mäßigen Umfang. Früherhin war es eine dem heiligen Stephan gewidmete Capelle, die aber schon seit Eduard VI. (1550) der jetzigen Bestimmung gewidmet wurde. Die Wände sind getäfelt. Die Zuhörer-Gallerie ist über dem Haupteingange am Ende des Saals; an beyden Seiten laufen in gleicher Höhe Gallerien für Mitglieder oder fürstliche Personen entlang, die meist ganz leer sind, was man, im Gedräng fast erdrückt, nicht ohne Neid ansehen kann.

Hier versammeln sich die 658 Repräsentanten der ganzen Nation. Dem Eingang gegenüber erblickt man den Sprecher (the Speaker) auf einer Art Thron im langen schwarzen Mantel, das Haupt mit dem Hut und einer großen Alongeperrücke bedeckt *). Vor ihm

---

*) Der jetzige Sprecher ist der Sohn des Erzbischofs von Canterbury, Herr Manners Sutton, welcher we-

steht ein großer decdrirter Tisch, an welchem als Registratoren zwey Clercs in Perrücken und schwarzen Mänteln sitzen. Auf diesem liegen die Papiere und Pergamentrollen der eben eingebrachten Anträge oder Bills; am andern Ende aber, so lange durch die Gegenwart des Sprechers die Versammlung als **gesetzgebende Macht** erscheint, ein großer **goldener Scepter**. Die mit grünem Saffian beschlagenen abgestuften Bänke, den Saal entlang, sind die Sitze der Parlamentsglieder, von denen jedoch oft nur ein Drittel zugegen ist. Sie haben durchaus kein auszeichnendes Costüme; kommen im Überrock mit Stiefeln und Sporen, den Hut auf dem Kopfe; essen aus der Tasche, sprechen mit einander, wenn der Gegenstand nicht interessirt, oder durch ein bloßes Ja und Nein abgemacht wird, was der Sprecher anzeigt, aber doch so oft zur Ordnung! ruft, daß man es kaum noch zu beachten scheint. Bloß bey dem Herausgehen verbeugt sich jeder gegen den Wortführer.

---

gen seiner großen Gewandtheit in der Leitung der Verhandlungen sehr geschätzt wird. Er kann aus seinem eigenen dicht angränzenden schönen Hause, welches er, so lange er Sprecher ist, als Eigenthum bewohnt, unmittelbar auf seinen Sitz kommen.

Ich habe mehreren Sitzungen, doch nur stundenweise, beygewohnt. Denn sie dauern oft von drey Uhr Nachmittags bis Nachts um eilf Uhr, bey wichtigen Debatten bis an den Morgen. Aber da die Gegenstände wenig interessant waren, keiner der vorzüglichern Redner auftrat, oder nur sehr kurz sprach (wie etwa Herr Tierney, Lord Castlereagh, und der Kanzler der Schatzkammer, Herr Vansittart), so gestehe ich, zumahl da ich bey dem steten Geräusch im Saale viele Worte verlor, daß die Unterhaltung mehr von dem Neuen und Eigenthümlichen dieses großen Schauspiels, und dem sinnlichen Eindruck, welchen das Ganze auf mich machte, ausging. Selbst durch das Local wird das Bild der Ministerial-Partey und der Opposition anschaulich. Jene sieht man immer zur Rechten des Sprechers, diese zur Linken.

Ungleich mehr als was eben verhandelt ward, beschäftigte mich der Gedanke, welche Männer seit Jahrhunderten an jenen Stellen gestanden, welche Blitze von hier aus über die alte und die neue Welt geschleudert waren, welche Funken des Geistes hier gesprüht, wie noch in unsern Zeiten hier die unsterblichen Pitts, Vater und Sohn, Worte gesprochen hatten, die in allen Welttheilen wiederhallten. Die Nähe des noch vorhandenen unterirdischen Kellers, in welchem im Jahre 1605 durch eine Explosion des aufgehäuften Pulvers allen Repräsentanten der Nation der Tod bereitet war, rief mir jene furchtbare Verschwörung, über der wie über ihrer Entdeckung noch immer ein Dunkel schwebt, lebendiger in's Gedächtniß zurück. Noch besteht seit jener Zeit die Sitte, vor jeder Sitzung den Keller von sichern Personen untersuchen zu lassen. Auch die Geschwindschreiber, welche damals noch — denn jetzt soll ihre Stelle verändert seyn — auf der letzten Bank der Gallerie saßen, zogen mitunter meine Aufmerksamkeit ab. Ich bewunderte ihr scharfes Ohr wie ihre erstaunliche Fertigkeit, das, was in so großer Entfernung von ihnen, oft gar nicht laut, meist rasch gesprochen wurde, aufzufassen; aber nicht minder die unglaubliche Schnelligkeit der englischen Druckereyen. Denn, was oft tief in der Nacht erst nachgeschrieben seyn konnte, war schon am folgenden Morgen in einer Menge öffentlicher Blätter zu lesen. Endlich machte ich auch hier wieder manche angenehme Erfahrung von der Gefälligkeit einiger meiner Nachbarn, die mir die merkwürdigsten (gewöhnlich gegen einander über sitzenden) Mitglieder der ministeriellen und Oppositions-Partey nannten, und manches, was mir unverständlich war, so bereitwillig erklärten. Bey Andern sprach sich der Beyfall oder der Unwille, wenigstens durch heftige körperliche Bewegungen, und in bedeutsamen Mienen unverkennbar aus. Das Ganze hatte ich mir indeß feyerlicher gedacht. Dazu bleibt doch Stille und Ruhe die erste Bedingung. Wohl mag diese geherrscht haben, wenn Chatham sprach; wenn er warnte, Amerika nicht zu reizen, und in jener unvergessenen Stunde sich noch einmahl auf seinen Krücken empor hob, und mit sterbender Stimme rief: „Britten! ihr wollt Frieden kaufen? aufopfern Ruhm und Herrschaft, Frankreich nicht züchtigen, das vor euch bebte, und nun euch Hohn spricht? Ich — zeuge wider euch bey der Nachwelt. Auf! laßt uns kämpfen, und, wenn es seyn muß, fallen, aber nur unter den Trümmern des Vaterlandes." Wohl mag kein Odem laut geworden seyn, wenn Burke prophetisch über die Revolution Frankreichs redete; wenn Fox donnerte, oder Chatham's großer Sohn, W. Pitt, ruhig die Hand auf den Tisch gestützt, stundenlang und dennoch kein Wort sprach, das nicht die Hauptsache traf, und — wie auch der Strom der gewaltigen Beredsamkeit Fox und Sheridan's gegen ihn anbrauste, dennoch fest stand wie ein Fels im Meere, und, wie ein kundiger Seemann, die Hand nicht abzog, das Schiff des Staats zu steuern und zu lenken.

Das Oberhaus (the House of Lords) macht die andere Abtheilung des ganzen Gebäudes aus. Der Saal ist eben so groß, wie der vorbeschriebene, hat aber keine Gallerie. Zuschauer, die nur durch eine Karte von einem der Lords Einlaß erhalten, müssen sich hinter der Barriere halten, welche den Raum, worin sich die Sitze der Mitglieder eben so wie im Unterhause an den beyden Seiten der in der Mitte stehenden Tafel befinden, von dem hintern Raum absondert. Selbst wenn das Haus der Gemeinen eingeladen wird, eine Deputation zu schicken, bleibt diese hinter der Barriere. Manche Zuschauer legen sich auf die platte Erde, wo man es noch besser hören soll. Auch dieser Saal hat nichts Prachtvolles. Die fast zweyhundertjährigen Tapeten an den Wänden schildern die Siege über die spanische Armada. Am Ende des Saals erblickt man den Thron, auf welchem der König oder sein Stellvertreter das Parlament eröffnet oder vertagt. — Vor dem Thron sitzt der Großkanzler, welcher eben so, wie im Unterhause der Sprecher, stets präsidirt und die Verhandlungen leitet, auf seinem Wollsack. Zur Rechten die ersten Stände des Reichs, der Erzbischof

von Canterbury und der Erzbischof von York
im bischöflichen Ornat, wie denn alle vier und zwan=
zig Bischöfe Mitglieder des Oberhauses sind, daher sie
auch mit Mylord angeredet werden. Sodann folgen
die Herzoge, Grafen und übrigen Großen des
Reichs. Von dem Bischof von Peterborough,
Doctor Marsh mit einer Einlaßkarte versehen, war ich
bey der letzten Sitzung des Oberhauses gegenwärtig,
und hörte unter andern eine kurze aber kräftige Rede
des Grafen von Landsdown, worin er Herrn Wil=
berforce's neueste Anträge wegen der gänzlichen Ab=
schaffung des Sclavenhandels auf das kräftigste unter
stützte. Er sprach so deutlich und bestimmt, daß mir
kein Wort entging, was im Unterhause viel häufiger
der Fall war.

Den Tag darauf, am 3. July, schloß die Rede des
Prinz = Regenten diese Parlaments=Sitzung. Ich wollte
mich, ob ich wohl eine Karte hatte, der Gefahr im
Saale erdrückt zu werden, und dennoch weder etwas zu
sehen noch zu hören, nicht aussetzen, und zog es über=
haupt vor, den prachtvollen Zug aus der Wohnung des
Bischof Marsh, wo er dicht vorbey ging, anzusehen.
Es kostete Mühe, sich in den dahin führenden, wiewohl
sehr breiten Straßen, durch die unermeßliche Menge

von Menschen und Wägen durchzuarbeiten. Aber reich=
lich lohnte diese Mühe der Anblick einer ungeheuren
Masse aus allen Ständen, in allen Gestalten, der An=
blick eines Volkes, in dem der Knabe schon an dem Theil
nimmt, was National=Sache ist, und sich zu einem Urtheil
berechtigt wähnt.

In dem Aufzuge selbst sah man, sowohl an den
Wägen, als den Herolden und dem ganzen begleitenden
Personale, noch das ganz eigenthümliche Costüme der al=
ten Zeit.

Die ganze Ceremonie dauerte kaum eine halbe
Stunde, worauf der Zug in derselben Ordnung wieder
zurück ging. Die Garde zu Pferde erschien dabey in dem
vollen Glanz ihrer Uniform auf prächtigen Rossen.

Der Tower.

Wer kennt nicht auch unter uns diese uralte Veste?
Es ist ja seit undenklichen Zeiten kaum etwas Denkwür=
diges in England vorgegangen, wobey nicht der Tauer
(so wird bekanntlich der Nahme ausgesprochen) auch eine
Rolle gespielt hätte, sey es um Könige und Königinnen
bey dem Antritt ihrer Regierung zu empfangen, oder

sie als Gefangene einzukerkern; sey es, festliche National-
Angelegenheiten durch den Donner seiner Kanonen zu
verkünden, oder große Momente in der Geschichte der
Vorzeit in's Andenken zurück zu rufen. Die Neugier
wallfahrtet dahin, um die Königskrone oder das reiche
Zeughaus, oder die Menagerie wilder Thiere, Löwen
und Tieger zu sehen. Wem aber Englands Geschichte
in ihren wechselnden Perioden im Gedächtniß schwebt,
der durchwandert noch mit ganz andern Gedanken und
Betrachtungen diese National-Burg, an der Jahrhunderte
gebaut und Jahrhunderte zerstört haben.

In seiner jetzigen Gestalt, von der Wasserseite
aufgefaßt, ist der T o w e r ein verworrener Haufe
von Thürmen, großen und kleinen Gebäuden. Sie
umgeben das alte H a u p t s c h l o ß, ein irreguläres
Viereck, das man leicht an den vier Thürmen ungleicher
Gestalt auf dem Castell erkennen wird. Dieses ist's, was
man zum Unterschiede des Übrigen, den w e i ß e n
T h u r m nennt. Was man von J u l i u s C ä s a r
als ersten Begründer fabelt, hat keinen historischen
Werth. Gewiß ist dagegen, daß ihn W i l h e l m der
E r o b e r e r um das Jahr 1056 auf einer Anhöhe dicht
an dem Ufer der Themse erbaute, um sich im Fall eines
Aufstandes hinein zu werfen und zu vertheidigen, da die

Burg den Strom und die Stadt beherrscht. Sein Sohn
Wilhelm Rufus hat Wall und Graben darum ge-
zogen; jeder der nächstfolgenden Könige hat etwas Neues
hinzugefügt, und alles noch stärker befestigt. Jetzt sind
der Gebäude, selbst der Straßen noch viel mehr in dem
großen Umkreise der Wälle, z. B. die Kirche, der Blutthurm, der Kleinodienschatz, die großen und kleinen
Arsenale, das Haus des Gouverneurs und vieler Beamten, früherhin auch die Münze.

An alterthümlichen Merkwürdigkeiten kann es in
einem solchen Denkmahl der Vorzeit nicht fehlen. Auch
versagt man den Besuchern, die keinen Tag ausbleiben,
den Zutritt nicht, ohne sie jedoch zu quälen alles zu
sehen. Da jede Abtheilung ihren eigenen Aufseher hat,
so bleibt die Wahl frey.

Mit den Reichskleinodien fängt man gewöhnlich an. Sie befinden sich in einem eigenen dunkeln Gewölbe. Man wird in ein eben so dunkles Vorgemach geführt, und auf eine, vor einem Eisengitter stehende Bank
sich niederzusetzen angewiesen. Dahinter erscheint dann
der Schatzbewahrer mit einem Lichte, und zeigt ein
Stück nach dem andern in einer bestimmten Entfernung
vor; als da sind: die Reichskrone, der Reichsapfel, der
Scepter, St. Edwards Stab, das goldene Salzfaß in

Gestalt des weißen Towers, das Schwert, die Ampulle
und der goldene Adler, welcher das heilige Salböhl
enthält, u. s. w. Dabey wird nicht vergessen, die Lection
von der ganz einzigen, gar nicht zu schätzenden, unend-
lichen Kostbarkeit aller dieser mit Juwelen und Perlen
beladenen Herrlichkeiten aufzusagen, wiewohl Sachkun-
dige sehr bezweifeln wollen, daß alles so echt sey als
es angegeben wird. Dem heutigen Geschmack muß die
K r o n e wohl nicht mehr zusagen, da uns die Zeitungen
gemeldet haben, daß zu der nun vollzogenen Krönung
G e o r g IV. eine ganz neue von sehr hohem Werth ver-
fertigt ward. Die große Vorsicht, welche man bey dem
Vorzeigen beobachtet, ist die Folge eines unter C a r l II.
Regierung versuchten Raubes, dessen sich ein Gou-
verneur des Towers, Oberst B l o d, schuldig gemacht
hatte.

Unter den übrigen Merkwürdigkeiten interessiren zunächst in einem andern Gebäude zwey sehr große S ä l e
am meisten. In einem derselben (the spanish Armory)
zeigt man die Trümmer der weltberühmten spanischen
Flotte (A r m a d a) als Trophäen aus den Zeiten P h i-
l i p p s und der Königinn E l i s a b e t h (im Jahre 1588),
deren Wachsfigur im Costüme der Zeit man auch am Ende
des Saales erblickt, wie sie eben ihr Roß besteigen will,

um sich an die Spitze des Heers zu stellen; deßgleichen spanische Waffen, Ketten und Daumschrauben, welche die Siegträumenden für die Gefangenen bereit gehalten hatten; daneben noch so manche andere Überreste früherer Jahrhunderte. In dem andern (the Horse Armory) ist die ganze Reihe der englischen Könige, von Wilhelm dem Eroberer bis auf Georg II. herab, in der Rüstung, welche sie selbst getragen, auf ihren Streitrossen sitzend, aufgestellt. Einige erinnern durch ihre Riesengestalten recht lebhaft an Shakespeare'sche Dramen, und der Contrast, wenn man sie hier so starr und stumm dastehen sieht, und dann an das rege Leben denkt, worin sie dort ihre Rolle spielen, macht einen schauderhaften Eindruck. An den Wänden hingen eroberte Helme und Panzer. Wie glänzten die blanken französischen Küraße von Waterloo vor allen hervor!

Unermeßlich ist der Vorrath von Waffen, welche in den verschiedenen Zeughäusern des Towers aufbewahrt werden, aber auch einzig die Kunst in ihrer Aufstellung und Verbindung zu den glänzendsten Gestalten und Gebilden, wodurch man für das immer wiederkehrende Einerley der Flinten und Säbel für mehr als 100,000 Krieger, entschädigt wird. „Dieß — soll Alexander im Jahre 1815 gesagt haben — ist kein Zeughaus nach einem Kriege der beendigt ist, es ist die Vorbereitung zu einem beginnenden."

Während mehrere meiner Begleiter bey dem Einzelnen der Rüstungen, Waffen, besonders manchen merkwürdigen Artilleriestücken verweilten, rief ich mir so manche denkwürdige und herzergreifende Begebenheiten aus der Geschichte der Vorzeit zurück. So oft hatte ich mich in diese alte Zeit versetzt; jetzt stand ich auf dem Schauplatz, wo sie vorgegangen waren. Die gewöhnlichen Herumführer achten darauf viel zu wenig. Auch mag sie selbst der Wunsch und die Eile der Schaulustigen oft genug bestimmen, nur das zu zeigen, was unmittelbar in die Sinne fällt, wie etwa das Henkersbeil, unter welchem das Haupt der Anna Boleyn gefallen ist, den Spazierstock Heinrichs VIII., dessen Knopf drey kleine Pistolen enthält, womit er oft ungekannt nächtliche Wanderungen gemacht haben soll, um zu sehen, ob die Constablers und Wächter ihre Schuldigkeit thäten. Einmahl, erzählt man, sey er als ein Verdächtiger ergriffen und in das Wachhaus geschleppt, ohne sich zu erkennen zu geben, bis man am Morgen wahrgenommen, wer der Verhaftete sey. Zitternd und bebend habe sich der Wächter vor ihm niedergeworfen, habe aber statt der Strafe nur Belobung erhalten. Überdieß sey für die

Heizung der Wachhäuser seitdem eine Summe ausgesetzt, weil die Majestät in dieser kalten Nacht gewaltig gefroren habe.

Ein mit der Geschichte vertrauter Wegweiser könnte, sobald er nur einen Kreis von Zuhörern fände, der es würdig wäre, viele Tage zubringen, um ihnen an Ort und Stelle alle die Scenen zu vergegenwärtigen, bey denen man schon bey dem Lesen derselben in Burnet, Hume oder Shakespeare, von dem mannigfachsten Wechsel der Gefühle, verweilt.

„Hier am Ufer der Themse," könnte er gleich am Eingange sagen, „ist jenes verhängnißvolle **blutige Verräther-Thor** (traitors gate auch bloody gate), durch das seit Jahrhunderten unzählige, des Hochverraths Angeklagte in diese Veste geführt sind, um nie wieder zurück zu kehren. Jenes Hauptgebäude, **der weiße Thurm**, war in früherer Zeit der Pallast, in welchem alle Könige und Königinnen die ersten Tage nach ihrer Thronbesteigung ihre Residenz hielten. Auch versammelten sie oft bey wichtigen Anlässen hier die Vertrautesten ihrer Räthe, und zahllose Verhöre — noch liegen die Acten dort im Record Office aufgethürmt — sind in diesen und den benachbarten Hallen angestellt; oft, weil es die Herrscher so wollten, in der ersten

— 146 —

Stunde des Verhörs schon Todesurtheile über Schuldlose gefällt, da es nur weniger Tage bedurft hätte, die Unschuld an's Licht zu bringen. Jenes ist der Blutthurm *) — die That hat ihm den Nahmen gegeben! — in welchem Richard III. seine schuldlosen Mündel, Eduard und York, einkerkerte, und als sie fest schlummerten, ersticken ließ, um sich des Thrones zu bemächtigen **). Unter jener Treppe hatte man die Leichname geborgen; erst 191 Jahre später entdeckte sie bey einem Bau Chri-

---

*) Noch jetzt ist das Gefängniß für große Verbrecher bestimmt. Der letzte war der unlängst hingerichtete Thistlewoed, der Anführer des Mordanschlags gegen alle Minister des Königs.

**) Das sind die jungen Prinzen, deren Ermordung Shakspeare so rührend beschreibt, daß man kaum weiß, ob er sich darin mehr als Mahler oder als Dichter verherrlicht hat.

 So — lag das zarte Paar,
 Sich fest umschlingend
 Mit den unschuld'gen Alabasterarmen:
 Wie Rosen eines Stängels ihre Lippen,
 Die sich in ihrer Sommerschönheit küßten.
 Und ein Gebethbuch lag auf ihrem Bette. — Man
       würgte hier
 Das süße Werk, das schönste das Natur
 Seit Anbeginn der Schöpfung je gebildet.

     Richard III. Vierter Aufzug.

stoph Wren, und Carl II. ließ die Überreste ihrer Gebeine in Westminster bestatten und ehrte sie durch ein Denkmahl *). — In jener alten Halle im weißen Thurm berückte der heuchlerische Tyrann den mächtigen Hastings, daß er sich selbst sein Urtheil sprach; brach dann wüthend hervor, und in derselben Stunde lag schon sein Nacken auf einem zufällig in diesem Hofe liegenden Balken, um den Todesstreich zu empfangen. Solche Eile hatte die Rache! — Das alte Gemäuer, das sich dort erhebt, ist der Beaukamp Tower. Es war der letzte Aufenthalt der zweyten, so heiß begehrten und so bald vergessenen Gemahlinn Heinrichs VIII, Anna Boleyn. Von hier aus ging sie zum Blutgerüst, wo das Beil, das wir im obern Saal in der Hand hatten, ihr schönes Haupt vom Körper trennte. — In jenem Gebäude wohnte der Unter-Commandant des Tower, Pardridge. Aus dem Fenster dort oben sah Johanna Gray den blutigen Leichnam ihres hingerichteten Gemahls zur Gruft tragen. Eine halbe Stunde später fiel, hier wo wir stehen, sie selbst als das Opfer der unversöhnlichen Maria."

Solche und ähnliche Erinnerungen, welche ein ver-

---

*) S. die Zusätze Nr. III.

ständiger und besonders geschichtskundiger Wegweiser mit noch sehr vielen andern vermehren könnte, geben dem Besuch historisch so merkwürdiger Orte ein sehr erhöhtes Interesse. Es wird uns dann zu Muthe, als stünde was geschehen ist noch jetzt vor unsern Augen da. Wozu bedürfte es auf der Bühne der Scenerien und Decorationen, wenn nicht auch sie den Eindruck dessen, was man hört und geschehen sieht, verstärkten? Indeß ist dergleichen von den gewöhnlichen Herumführern gar nicht zu erwarten, und es bleibt daher kein anderes Mittel, als sich selbst in das Geschichtliche einzustudiren. Gerade hier ist dazu des Stoffs so viel. Es gibt Zeitperioden in der Geschichte von England, wo sich, fast eine Seite um die andere, von den ersten Männern des Staats, Günstlingen und Vertrauten, die Meldung wiederhohlt: „Er ward in den Tower gesendet; ward vor Gericht gestellt; auf die den Tower umgebende Anhöhe (Tower Hill) geführt; da ward er enthauptet!"

Indeß erinnert wohl an keine dieser blutigen Zeiten das uralte Staatsgefängniß so lebhaft, als an jene, wo Heinrich VIII., Luthers Zeitgenoß, herrschte. Gab doch selbst die unter ihm gewisser Maßen beginnende Kirchen-Reformation — unter seinem Sohn

Eduard VI. glücklich fortschreitend, nach dessen frühem Tode unter seiner ältern Tochter M a r i a grausam verfolgt, unter der jüngern Tochter E l i s a b e t h—neu belebt, so viel traurigen Anlaß zu politischen und religiösen Kämpfen, Verfolgungen, Einkerkerungen und Blutgerichten. Wer mag die Seufzer, wer die Thränen zählen, die unter jenen Regierungen in diesen Mauern ungehört verhallt, ungesehen geflossen sind? Von vielen der Schlachtopfer wilder und fanatischer Leidenschaften hat die Geschichte nur im Allgemeinen die Umrisse ihres Schicksals aufbewahrt. Bey andern verweilt sie desto länger. Wenn die Tyranney selbst der Jugend, wenn sie sogar des Geschlechts nicht schont, dem man auch größere Fehltritte als Verirrungen einer schwächern Natur zu verzeihen geneigt ist, so erfüllt dieß auch den kältesten Geschichtschreiber mit wehmüthiger Theilnahme, und wenn er sich dann selbst die zu entschuldigen bemüht, bey denen, wie bey M a r i a S t u a r t, die Schuld kaum zu verschleyern ist, so billigt jeder Leser wenigstens das M e n s c h l i c h e der Ansicht. Aber auf's höchste muß man empört werden, wenn man auf Blutscenen stößt, wie sie die Geschichte jener b e y d e n j u n g e n Königinnen Anna und J o h a n n a aufstellt. Seit ich in der Nähe ihrer letzten Kerker und ihrer längst eingesunkenen Gräber stand, ist ihr Bild nur noch lebendiger vor meine Seele getreten und hat mich veranlaßt, in den zuverläßigsten Quellen den kleinsten Umständen der Geschichte ihrer letzten Tage noch einmahl nachzuforschen. Vielleicht ist auch manchen meiner Leser hier eine kurze historische Episode nicht unwillkommen. Sie biethet zugleich eine so natürliche Gelegenheit dar, längst vergangene Zeit mit der Gegenwart zu vergleichen, wo in demselben Lande, welches der Schauplatz der fürchterlichsten Willkühr der Herrscher war, wieder eine Königinn, ihrem Gemahl und dem Parlament gegenüber, zu einem Kampfe über S ch u l d und U n s ch u l d in den Schranken stand, und dieß unter Umständen, zu denen sich kaum eine Parallele in der Geschichte auffinden läßt.

Versetzen wir uns denn zuerst noch einmahl in den B e a u k a m p - T o w e r, den letzten Aufenthalt der A n n a B o l e y n. Eine kurze Erinnerung an H e i n r i ch s E h e st a n d s g e s ch i ch t e muß der ihrigen voran gehen.

Mit der tugendhaften, in seinen eigenen Augen unbescholtenen K a t h a r i n a v o n A r r a g o n i e n, der Witwe seines Bruders, hatte er achtzehn Jahr in der Ehe gelebt, und eine Tochter, die nachmahlige Königinn M a r i a, erzeugt. Auf einmahl bekam er Gewissenszweifel über die Rechtmäßigkeit der Verbindung mit einer

so nahen Verwandtinn, die noch beunruhigender geworden seyn sollen, seitdem er die junge, schöne, geistvolle
Anna Boleyn, Ehrenfräulein der Königinn, kennen
gelernt, und ihm keine Hoffnung geblieben war, ihre
Tugend auf unerlaubtem Wege zu überraschen. Als er
nach vieljähriger Bemühung endlich die Dispensation
zur Ehescheidung erhalten hatte, vermählte er sich mit
ihr. Sie gebar ihm im nächsten Jahr eine Tochter Elisabeth. Bald war auch diese Neigung vorüber. Denn
schon wieder hatte eine jüngere Johanna Seymour
den Unbeständigen gefesselt. Einen Prozeß einzuleiten,
ein Todesurtheil zu erhalten, war einem so gefürchte-
ten Herrscher bey einem so schwachen Parlamente nicht
schwer. Anna wird der Untreue angeklagt, verhaftet,
und nach tumultuarischem Verhör enthauptet. Die neue
Gemahlinn Johanna Seymour, von welcher die
Geschichte ehrenvoll spricht, gebiert ihm Eduard VI.,
seinen Nachfolger, und stirbt wenige Tage darauf. Heinrichs vierte Ehe ist ein Handel der Politik. Auf Anna
von Cleve fällt endlich die Wahl. Sie kommt in England an; unbeholfen, fast so korpulent als der König
selbst; ohne Anmuth, ohne Geistesbildung. Sie mißfällt
vom ersten Moment, und wenige Tage nach der Vermählung ist die Ehe wieder getrennt. Ganz andern Eindruck

macht bald darauf die schöne Katharina Howard.
Ihre Hand gibt sie dem Könige; ihre Neigungen
haben längst andern Höflingen angehört. Der Leichtsinn
ihrer Aufführung kann nicht lange verborgen bleiben.
Dießmahl zur Trennung nicht geneigt, muß sich doch
der König entschließen, die Treulose in Anklagestand zu
versetzen, und nach kurzer Untersuchung und eigenem
Eingeständniß ihrer Schuld, fällt auch ihr Haupt wie
das Haupt ihrer Buhlen auf Towerhill. Eine junge
Witwe, K. Parr, endigte die Reihe der Gemahlinnen.
Einmahl droht auch ihr der Fanatismus den Untergang.
Schon sind Verhaftsbefehle ergangen. Ein Zufall und
ihre Klugheit rettet sie. Sie ist die einzige, die den Tyrannen überlebt.

Welch ein Gemählde des Privatlebens eines Königs! Aber zugleich — welch ein Bild der Verderbniß seiner Zeit, des kriechenden Gehorsams der Parlamente, der Gesunkenheit eines freyen Volks!

Unter jenen Gemahlinnen Heinrichs erweckt nun keine durch ihr Schicksal so viel Theilnahme als die zweyte, Anna Boleyn. Sechs Jahre hatte Heinrich mit dem Papst und vielen Universitäten unterhandelt, um die Trennung seiner ersten Ehe gesetzmäßig zu machen. Denn damahls bedurfte es zu gewissen Ungerechtigkeiten wenigstens der Sanction der Kirche, um die öffentliche Meinung nicht zu verletzen. War diese erlangt, erzwungen oder erschlichen, so erlaubte man sich dann jede Härte in der Ausführung. Auf keinem andern Wege war auch Anna zu einer Verbindung zu bringen, und der Widerstand, den ihre Tugend standhaft allen unwürdigen Anträgen geleistet hatte, mußte ihr selbst die Achtung des Königs sichern. Nachdem sie gesetzmäßig mit ihm vermählt war, erhielt sie sich drey Jahre darin. Dann trat Erkältung ein. Sie hatte nach ihrer ersten Tochter, der nachmahligen so gefeyerten Elisabeth, einen todten Sohn geboren. Schon dieß ließ er sie durch Härte entgelten. Sie hatte eine lebhafte, fröhliche Natur; sie war in Frankreich erzogen, und das steife englische Hof-Ceremoniell war ihr zuwider. Ihr Umgang war offen, freundlich, zuweilen unvorsichtig; am wenigsten konnte sie sich gegen Verwandte, oder die Freunde ihres vorigen Standes, zur Hoheit gewöhnen. Dieß gab in einer Zeit des Argwohns schon Stoff zu Anklagen und Verleumdungen, und die Gemahlinn ihres Bruders, die Gräfinn von Rochefort, eine boshafte Frau, ließ es am wenigsten daran fehlen. Zwar war Anna durch Schönheit, Milde und Wohlthätigkeit der Abgott aller ihrer Umgebungen. Aber sie war den Protestanten geneigt, und dieß entging den Anhängern der alten Lehre nicht. Aber es beschleunigte, zumahl bey der neuen Leidenschaft des Königs für Johanna Seymour, ihren Fall. Als ihr bey einem zu Greenwich gehaltenen Turnier ihr Taschentuch aus der Hand fiel, worin der König Verabredung mit einem der Ritter argwöhnte, war keine Rettung mehr. Sie bekam auf der Stelle Hausarrest. Mehrere des Hofes, die ihre Freunde oder Diener waren, wurden sogleich in den Tower gesendet; schon an dem folgenden Tage sie selbst. Die Unbefangene glaubte noch immer, man wolle sie nur auf die Probe stellen. Als sie den Tower betrat, sank sie auf die Knie, und beschwor ihre Unschuld. Sie hatte einen schlimmern Kerker vermuthet, und erhohlte sich als man ihr ein anständiges Zimmer anwies. Auch gestand sie selbst mit großer Offenheit so manche kleine Unvorsichtigkeiten im Benehmen und Gespräch, die sie, nichts Böses darin ahnend, sich möchte erlaubt haben; behauptete aber eben so fest ihre unverbrüchliche Treue. Doch des Königs Zorn war unbezwinglich. Kein Höfling trat für sie auf; selbst die, welche große Wohlthaten von ihr empfangen hatten, verstummten. Der einzige Erzbischof Cranmer wagte es, jedoch, wie sein noch vorhandener Brief beweiset,

nur sehr schüchtern, für sie zu sprechen. Er war immer
ihr warmer Freund gewesen. Ihr Eifer für die Reinigung der Religion und Kirche, dessen letztes Werk die
Förderung einer Übersetzung der Bibel in die Landessprache war, so wie ihre ausnehmende Wohlthätigkeit
gegen alle Arme und Leidende, hatte sie dem ersten Beamten der Kirche so werth gemacht. Eben darum vermied Heinrich in dieser Zeit, dem Prälaten persönlich
zu begegnen.

Jetzt nahm Anna ihre Zuflucht zur Feder, und
schrieb folgenden eben so einfach edlen als rührenden
Brief an den unversöhnlichen Heinrich:

„Sire! Das Mißfallen meines königl. Gemahls
und meine Gefangenschaft erscheint mir als etwas so Unerhörtes, daß ich durchaus nicht weiß, was ich schreiben
soll oder worüber ich mich zu entschuldigen habe. Ew.
Gnaden wollen, daß ich durch das Bekennen der Wahrheit Ihre Gunst wieder erhalte, und lassen mich dieß
durch den wissen, den Sie als meinen alten erklärten
Feind kennen. Ich hatte nicht so bald diese Bothschaft
von ihm erhalten, als ich Ihre Meinung wohl verstand.
Wenn das Bekenntniß der Wahrheit mir Sicherheit
verschaffen kann, so werde ich mit dem willigsten Gehorsam Ihre Befehle vollziehen."

„Nur mögen Ew. Gnaden sich nie einbilden, daß Ihre arme Gemahlinn je dahin gebracht werden könne, Vergehungen einzugestehen, von denen nie ein Gedanke in ihre Seele kam. Nein, nie hatte ein Fürst eine in allen ihren Pflichten und in der aufrichtigsten Liebe getreuere Gattinn, als Sie stets in Anna Boleyn gefunden haben. O wie gern hätte ich mich mit diesem Nahmen und Verhältniß begnügt, wenn es Gott und Ew. Gnaden so gefallen hätte. Auch habe ich mich zu keiner Zeit auf meinem erhabenen Standpuncte, oder bey erlangter königlicher Würde, so vergessen, um nicht stets einen Wechsel, wie er jetzt eingetreten ist, voraus zu ahnden. Denn da meine Erhebung keinen festern Grund hatte, als Ew. Gnaden flüchtige Neigung, so wußte ich auch wohl, daß die geringste Veränderung darin hinreichend seyn werde, eben diese Neigung gar bald auf einen andern Gegenstand zu lenken."

„Sie haben mich, weit über meine Wünsche und mein Begehren, aus einem niedern Stande erwählt, Ihre Königinn und Gefährtinn zu seyn. Da Sie mich aber solcher Ehre für würdig geachtet haben, so darf ich Ew. Gnaden auch bitten, daß nicht ein flüchtiger Einfall oder ein böser Rath meiner Feinde, Ihre fürstliche Gunst mir entziehen möge. O laſſen Sie die unwürdige Beſchuldigung eines ungetreuen Herzens gegen Ew. königliche Gnaden nicht Ihr getreues Weib und die unmündige Prinzeſſinn, Ihre Tochter, so schmählich beflecken."

„Ich wünsche verhört zu seyn; aber laſſen Sie mich ein **geſetzmäßiges Verhör** finden, und nicht meine geschwornen Feinde als meine Ankläger und Richter zugleich erscheinen. Ja, mein König, gewähren Sie mir ein **offenes Verhör**. Meine Aufrichtigkeit darf keine öffentliche Beschämung fürchten; Sie werden ja dann erfahren, ob meine Unschuld gereinigt, Ihre Überzeugung beruhigt, die Läſterung und Verleumdung der Welt beschämt, oder ob meine Schuld öffentlich kund wird. Was dann Gott oder Sie selbſt über mich beschlieſsen mögen, — Ew. Gnaden werden wenigſtens ſich dadurch vor einem öffentlichen Tadel ſichern. Kann mein Vergehen gesetzmäßig erwiesen werden, so haben Ew. Gnaden die Freyheit vor Gott und Menschen, nicht allein mir eine angemeſſene Strafe, als einer ungetreuen Gattinn, aufzuerlegen, sondern auch der Neigung zu folgen, welche Sie schon einer **Andern** zugewendet haben, deren Nahmen ich schon längſt hätte bezeichnen können, und um derentwillen ich bis hierher gekommen bin.

Ohnehin sind Ew. Gnaden meine Muthmaßungen darüber nicht unbekannt. Wenn jedoch schon über mich entschieden ist, wenn nicht nur mein Tod, sondern eine schändliche Verleumdung Sie zu den Genuß Ihres gewünschten Glückes führen soll, so bleibt mir nichts übrig, als Gott anzuflehen, daß er Ihnen und meinen Feinden, die das Werkzeug davon sind, die schwere Schuld verzeihe, und Sie am Tage des Weltgerichts, an dem Sie wie ich bald erscheinen müssen, nicht für Ihr unfürstliches und grausames Betragen gegen mich zu einer zu strengen Rechenschaft ziehen möge. Dann wenigstens wird meine Unschuld öffentlich bekannt werden und ich gereinigt von jeder Anklage dastehen."

„Nur das soll noch meine letzte und einzige Bitte seyn, daß ich allein die Last von Ew. Gnaden Zorn tragen möge, und er nicht die unschuldigen Seelen jener Unglücklichen, die, wie ich höre, gleich mir in strengem Gewahrsam gehalten werden, berühre. Habe ich jemahls Gunst vor Ihren Augen gefunden, ist der Nahme Anna Boleyn jemahls Wohllaut für Ihr Ohr gewesen, o so gewähren Sie mir diese Bitte. Nicht länger will ich Ew. Gnaden lästig werden, und mit dem inbrünstigen Gebeth zu dem Dreyeinigen enden, daß er

Sie in seine Obhut nehme und regiere in allen Ihren Unternehmungen."

„Aus meinem traurigen Gefängniß im Tower, den 6. May 1536.

Ihre treueste und ergebenste Gemahlinn
Anna Boleyn."

Wie sehr auch dieß Schreiben den Charakter eines reinen Bewußtseyns an sich trägt, so ging doch das Gericht des ungeduldigen Heinrichs einen sehr raschen Gang. Einige zugleich Verhaftete blieben standhaft in dem Bekenntniß ihrer Unschuld; andere gestanden Reden ein, welche allerdings für eine Königinn gegen ihre Unterthanen zu frey scheinen konnten. Norris, der Oberkammerdiener, dem man, wenn er bekennen würde, das Leben versprach, wollte lieber tausend Tode sterben, als Eine Schuldlose anklagen. Der einzige Smeton, ihr Kammermusicus, klagte sich, wie man sagt durch falsche Hoffnungen der Begnadigung bewogen, eines strafbaren Umgangs mit ihr an. Da indeß die Königinn auf rechtliches Gehör drang, so eilte man um so mehr mit seiner Hinrichtung, und als sie darauf bestand, ihrem Ankläger gegenüber gestellt zu werden, hatte Jener schon mit dem Tode gebüßt.

Die Geschichte hat viele Einzelnheiten über ihren

Zustand, während des nur **neunzehn** Tage dauern=
den Verhafts im Tower, aufbehalten. Anfangs, als sie
der Schlag so ganz unvorbereitet getroffen hatte, und
sie noch in der grausamsten Ungewißheit über ihr Schick=
sal schwebte, litt Körper und Seele in gleichem Grade.
Sie fiel oft in Krämpfe und Zuckungen, und eine Über=
spannung, die sich bald durch lautes Weinen, bald durch
unnatürliches Lachen äußerte, wechselte mit ruhigern
Stunden. Aber bald gelang es ihr sich zu fassen. Als sie,
ohne daß man ihr einen Anwald gegeben hatte, vor dem
Gericht der **Pairs** und der **Geschwornen** stand,
vertheidigte sie sich mit großer Besonnenheit. Als das
Urtheil **Schuldig!** und die Strafe „**Verbrannt
oder enthauptet,** wie es der König bestimmen wird,"
ausgesprochen war, hob sie ihre Hände gegen Himmel
und sprach: „O mein Vater! o mein Schöpfer! und du,
der du bist der Weg, die Wahrheit und das Leben, du
weißt, daß ich dieses Schicksal nicht verdient habe!"
wendete sich dann an die Richter und wiederhohlte in
der kräftigsten Sprache — in a pathetic declaration sagt
Hume — ihre Unschuld. Als sie in ihr Gefängniß zurück
kam, sendete sie noch ein letztes Schreiben an den Kö=
nig, worin sie ihm dankte, daß er nicht aufhöre sie im=
mer **größer** zu machen. „Aus einem unbedeutenden

Fräulein erhoben Sie mich zur Gräfinn; dann zur Königinn; und nun da Sie mich in dieser Welt auf keine höhere Stufe stellen können, zur Märtererkrone im Himmel." Man könnte fast behaupten, daß der Hang zu witzigen, spöttischen, humoristischen Einfällen, woran ihre Gespräche überhaupt so reich gewesen seyn sollen, sie auch hier nicht verlassen zu haben scheine.

Einer der Aufseher des Towers, Kingston, dem sie anvertraut war, schrieb wenige Stunden vor ihrer Hinrichtung, in einem schlecht stylisirten officiellen Berichte an den Oberrichter, Folgendes:

„Sie hat diesen Morgen zu mir geschickt, und mich gebethen, bey den letzten Aussagen über ihre Unschuld gegenwärtig zu seyn. — Eben, indem ich dieß schreibe, schickt sie wieder. — „Herr Kingston," sagte sie, „ich höre, daß ich diesen Morgen noch nicht sterben soll; das thut mir leid. Ich hoffte gewiß, vor Mittag todt und über allen Schmerz hinweg zu seyn." Ich antwortete ihr, sie werde keinen Schmerz empfinden. Es sey ein Augenblick. — Dann sagte sie noch: „Man sagt mir, der Scharfrichter sey sehr geschickt, und ich habe einen dünnen Hals." Hierbey umspannte sie ihn mit der Hand, und brach dabey in herzliches Lachen aus. — Ich habe sehr viele Männer und viele Frauen hinrichten sehen, und

wohl bemerkt, wie bang sie waren. Aber ich finde, diese Dame hat Lust und Freude an ihrem Tode. — Ihr Beicht=
vater ist seit heute Morgen um zwey Uhr bey ihr. Weiter ist nichts Merkwürdiges vorgefallen."

Kurz vor Mittag führte man sie zum Blutgerüst auf der grünen Anhöhe des Towers. Man hatte den Nachrichter aus Calais, als einen Birtuosen in seinem Geschäft, verschrieben. Sie redete die in Menge versammelten Zuschauer noch einmahl, aber mit großer Mäßigkeit, an: „das Gericht habe sie verdammt, dem müsse sie sich unterwerfen. Dem Könige danke sie für seine frühern Gnadenbezeugungen, für sie möge man bethen." Dann überließ sie sich einer stillen Andacht, legte darauf das Haupt auf den Block und unter den Worten: „Christo befehl' ich meinen Geist!" fiel das verhängnißvolle Beil. Den Leichnam legte man in einen alten Gewehrkasten. Als die Mittagsglocke zwölf schlug, war er schon in der Capelle des Towers in's Grab gesenkt. Am nächsten Tage vollzog Heinrich seine Vermählung mit der schönen Seymour.

Vergleicht man die männliche Fassung, womit Anna Boleyn endigte, mit dem spätern Benehmen des einst so mächtigen Ministers und Staatssecretärs Cromwell, welcher einer der Augenzeugen ihrer Hin=

richtung war — welch ein Contrast! Seinen Brief an
den König schließt er mit den Worten:

„Ich bin ein jammervoller Gefangener, ich muß
mich in den Tod ergeben, wenn es Gott und Ew. Majestät so gefällt. Aber mein schwaches Fleisch dringt
mich, um Gnade und Verzeihung zu bitten."

„Geschrieben im Tower mit schwerem Herzen,
mit zitternder Hand von Ew. Majestät allererbarmungswürdigsten Gefangenen, Ihrem armen Sclaven Thomas Cromwell."

„N. S. Allergnädigster Herr! ich bitte um Gnade
— Gnade — Gnade!"

Wenn der Anna Boleyn in ihren letzten Tagen
der Trost fehlte, sich selbst von jedem Schatten des
Leichtsinns und der Unvorsichtigkeit frey erhalten zu
haben, wenn sie sich selbst besonders darüber Vorwürfe machte, eine rechtmäßige und tugendhafte Königinn, in deren Diensten sie stand, wenn gleich ohne
absichtlichen Plan, verdrängt, vielleicht sie selbst und
ihre Tochter Maria nicht immer schonend behandelt
zu haben, so steht dagegen Johanna Gray vor jedem menschlichen Urtheil rein da wie ein Engel. Denn

daß sie, anfangs widerstrebend, doch endlich eine Krone annahm, die ihr nach dem Testament des verstorbenen Königs Eduard VI. und mit scheinbarer Zustimmung des Parlaments gebührte, wer kann, wer darf ihr das zum Verbrechen machen, da ihr junger Gemahl sie beschwor, da ihr Vater und Schwiegervater Gehorsam geboth, da die kaum frey gewordene Kirche selbst ihren Schutz gegen die unterdrückende Partey anzuflehen schien?

Heinrich VIII. hatte in seinem Testamente seinen einzigen Sohn Eduard zum Nachfolger ernannt. Dieser regierte nur sechs Jahre. Nach eben diesem Testament hatten seine Schwestern, zuerst Maria, dann Elisabeth, die nächsten Ansprüche an den Thron. Aber durch die Scheidung von der Mutter der ältern, durch die Verstoßung der Mutter der jüngeren Tochter waren Beyde im Grunde für illegitim erklärt, und mehrere Große des Reichs, theils von Ehrgeiz, theils von Interesse für den unter Eduard empor gekommenen Protestantismus getrieben, wußten gerade diese letzte Rücksicht bey dem hinwelkenden Könige geltend zu machen. So entschloß er sich endlich, der Enkelinn der Schwester seines Vaters, als nächste Verwandtinn des königlichen Hauses, der Johanna

Gray, mit Ausschluß seiner Halbschwestern, die Thronfolge zu bestimmen.

Sechszehn Jahre alt, war sie nur zwey Monathe vor dem Tode Eduards, scheinbar unter glücklichen Vorbedeutungen, mit dem kaum ein Jahr ältern Guilford Dudley, viertem Sohne des damahls mächtigen Herzogs von Northumberland, vermählt. Der kranke und sonst sehr sparsame König hatte noch einmahl alles aufgebothen, den Hochzeitstag seiner Verwandtinn, die mit ihm aufgewachsen war, viele Lehrstunden mit ihm getheilt, und ihn oft übertroffen hatte, glänzend zu machen. Nie, sagt die Geschichte, war Jugend und Unschuld in einem Brautpaar schöner erschienen. So sehr indeß an jenem Vermählungstage das Volk über sie entzückt schien, so ward doch ihre Thronbesteigung mit Kälte aufgenommen. Der stolze Northumberland genoß und verdiente auch keine Gunst; die Rechte der Maria, die, selbst eine eifrige Papistinn, besonders unter der nicht geringen Zahl der katholisch Gesinnten einen großen Anhang hatte, schienen verletzt, und Heinrichs Testament widerrechtlich umgestoßen zu seyn.

Als man der Johanna in dem Landsitz Durham-House, wo sie am liebsten in der Stille lebte, ihre Erhebung ankündigte, als ihr Vater Suffolk, ihr Schwiegervater Northumberland sie auf ihren Knien, wie dieß jetzt noch in England Sitte ist, als Königinn begrüßten, war sie einen Augenblick betroffen, faßte sich aber bald, und both — durch eine frühe, ganz seltene Geistesbildung des Wortes sehr mächtig — alle Beredsamkeit auf, um eine Würde von sich abzulehnen, die ihr nicht zu gebühren und der zu genügen sie sich nicht stark genug fühlte.

„Der Schwester Eduard's" — so erklärte sie sich — „nicht mir kommt der Thron zu. Ungeachtet meiner Jugend bin ich alt genug, um die Wechsel des Glücks zu kennen, und habe in Katharina von Arragonien und Anna Boleyn warnende Beyspiele. Auch fühl' ich mich zu schwach für die Last einer solchen Würde, und möchte überhaupt meine Freyheit und meinen Frieden nicht gegen goldene Fesseln vertauschen. Wer mich wahrhaft liebt, wird mich nicht Stürmen aussetzen wollen, die unvermeidlich seyn würden."

Ganz anders aber dachte der stolze Northumberland. Auch sein Sohn, Guilford, Johanna's junger Gemahl, blieb gegen den Glanz einer Krone nicht gleichgültig. Die er auf's höchste liebte, hätte er gern auch auf der höchsten Stufe gesehen, und so ließ er es an Bitten und Zureden nicht fehlen. So ward sie denn endlich durch Zudringlichkeiten von allen Seiten überwunden. Man ließ ihr kaum Zeit zum Besinnen. Als neue Regentinn ward sie von ihrem Landsitz auf der Themse zuerst, nach der Sitte der Zeit, in den königlichen Pallast im Tower geführt, und bey dem Eingange von den Großen des Reichs, ihrer Mutter und ihren nächsten Verwandten mit tiefer Ehrerbiethung empfangen.

Mit allen Geschäften, Künsten und Berechnungen der Politik unbekannt, war sie von diesem Augenblicke an nur das Werkzeug der Gewalthaber, die unter ihrem Nahmen regieren wollten. Indeß wuchs im Lande der Aufruhr. Immer größer ward der Anhang der durch Heinrichs des Achten Testament ernannten Maria, und kaum war eine Woche hingegangen, als man bereits das Jauchzen des herbey strömenden Volks im Tower vernahm. Da blieb Johanna's Vater, dem Herzog von Suffolk, nichts mehr übrig, als ihr schonend anzukündigen, „daß alles verloren sey." Mit großer Ruhe hörte sie ihn an. Viel freudiger — erwiederte sie — steige sie vom Thron herab, als sie ihn angenommen habe. Ihre willige Lossagung möge nun gut machen, was Andere verschuldet hätten.

Die siegende Maria zog im Tower ein, und nahm von den königlichen Gemächern des weißen Thurms, worin Johanna neun Tage als Königinn gewohnt hatte, Besitz. Diese und ihre ganze Familie war nun ihre Gefangene. Man wies ihr in der Burg in einem Privathause des J. Pardridge eine Wohnung an. In dieser Lage blieb sie gegen acht Monathe, bis zu ihrem Ende. Vor das Gericht in Guildhall gestellt, hatte sie unumwunden sich selbst darüber angeklagt, die Krone angenommen zu haben, was ihr zartes Gefühl schmerzlich bereute. Der Oberrichter hatte das Todesurtheil gesprochen. So schnell sich auch die Hinrichtungen folgten, so schien doch anfangs Maria eines so jungen und unbescholtenen Lebens, das ihr nicht mehr gefährlich werden konnte, schonen zu wollen. Zuletzt siegten doch die Rathschläge ihrer Umgebungen. Daß die Entthronte eine eifrige Protestantinn war, vollendete ihren Untergang; doch mehr noch ihres Vaters unbesonnenes Beginnen.

Verweilen wir aber erst einen Augenblick bey ihrer Bildung und ihrem Charakter, ehe wir sie auf's Blutgerüst begleiten.

In den historischen Nachrichten der Zeitgenossen, so wie in allen spätern Geschichtschreibern, erscheint Johanna fast als ein Ideal weiblicher Schönheit, fleckenloser Tugend und einer ganz seltenen Geistesbildung. Diese letztere trägt allerdings das Gepräge einer Zeit, die in so vieler Hinsicht von der unserigen durchaus verschieden war. Nahmentlich war dieß auch der Fall mit dem Unterricht der Kinder aus den höhern und besonders den fürstlichen Ständen. Zuvörderst war er ganz in den Händen gelehrter Geistlichen. Dann machte theils die Erlernung fremder Sprachen, selbst der ausgestorbenen wie der *lateinischen*, auch wohl *griechischen*, theils eigentliche *Theologie*, die wesentlichsten Bestandtheile desselben aus. So erklärt es sich, daß viele der Fürsten und Regenten jener Zeit neben den neueren Sprachen wenigstens der *lateinischen* mächtig waren, deren man sich damahls ohnehin in der Diplomatik bediente. Jene Unterrichtsweise ging nun selbst auf das weibliche Geschlecht über, und wo irgend Anlage und Lust sich zeigte, ermangelten die Lehrer nicht, auch die jungen Prinzessinnen *schulgerecht* zu bilden.

Heinrich der Achte war bey aller Rauheit seines Charakters nichts weniger als unwissend. Er hatte sogar die Scholastiker gelesen. Vor allen schätzte er den

Thomas von Aquinum, und nahm daher Luthern, der geringschätzig von diesem geurtheilt hatte, dieß so übel, daß er sogar eine lateinische Schrift von den sieben Sacramenten gegen ihn heraus gab. Kein Wunder, daß er auch seinem Thronerben Eduard eine gelehrte Erziehung geben ließ, woran von Zeit zu Zeit seine Verwandtinn Johanna Theil nahm. Diese, den Prinzen an Talent noch übertreffend, ergriff mit unglaublicher Wißbegier alles, was man sie lehrte. Noch sehr jung war sie, wie der neueren, auch der lateinischen und selbst griechischen Sprache so kundig, daß sie darin sogar Briefe fertig schrieb. Von ihren Ältern war sie in ihrer Kindheit äußerst streng behandelt. Vielleicht hatte dieß ihren natürlichen Hang zur Stille noch mehr genährt. Wenigstens fühlte sie sich von Jugend auf weit mehr zu den Wissenschaften, als zu den Lustbarkeiten des Hofes hingezogen. Der gelehrte Asham, Lehrer der Prinzessinn Elisabeth, erzählt in seinen Briefen, wie er sie einst, während der ganze Hof auf der Jagd gewesen, mit Platon's Phädon von der Unsterblichkeit der Seele beschäftigt angetroffen, wobey sie ihn versichert, daß sie sich mit solchem Umgang am glücklichsten fühle. Besonders gab sich einer ihrer Lehrer, Ellmer, ein eifriger Protestant, viele Mühe, sie recht tief in der Religion zu begründen, und gegen den Papismus sogar mit allen Waffen der Schule auszurüsten.

Eine solche Bildung, die schon in ihrer frühen Jugend ihrem Geist eine gewisse Frühreife verschafft hatte, muß uns allerdings etwas verkehrt vorkommen, wenigstens als Pedanterie erscheinen. Aber es gehörte nun einmahl zum Charakter der Zeit, und hatte auf Johanna wenigstens die wohlthätige Wirkung, daß sie frühzeitig etwas viel Höheres kennen lernte, als den Glanz einer Krone, und daß ihr, selbst nach der Verbindung mit dem jungen Guilford, so sehr sie ihn auch geliebt haben soll, doch das Leben in der Wissenschaft weit wünschenswerther erschien, als die gefahrvolle Höhe eines Thrones.

Herrlich bewährte sich dieß in den letzten Stunden und Tagen ihres Lebens. Sie wurde nebst ihrem Gemahl und mehrern Verwandten zwar im Tower als Gefangene bewacht, jedoch anfangs gestattet, daß sie sich sehen und im königlichen Garten am Schlosse ergehen konnten. Der Ausgang blieb ihr gleichwohl dunkel, und sie suchte Trost und Beruhigung in ihren Studien, vorzüglich aber in der Religion, an der sie mit ganzer Seele hing.

Vielleicht wäre auch eine lebenslängliche Gefangenschaft ihr Loos geblieben, hätte sich nicht ihr eigener Vater, der Herzog von Suffolk, dem Maria schon einmahl verziehen hatte, an die Spitze einer unzufriedenen Partey gestellt, worin die Königinn und ihre Räthe nichts anders, als den Versuch, seine Tochter wieder auf den Thron zu setzen, erblicken konnten. So wenig sie davon wußte, und so entfernt ihr Herz davon war, so beschleunigte dieß doch den Befehl, sowohl Johanna als ihren Gemahl aus der Welt zu schaffen. Sie empfing die Nachricht, auf die sie so viele Verfolgungen und Hinrichtungen protestantisch Gesinnter schon längst vorbereiten konnten, mit großer Gelassenheit, und beklagte vielmehr als sich den jungen Gatten, und besonders den unglücklichen Vater, den der Vorwurf peinigte, seine Tochter aufgeopfert zu haben. Man hoffte, sie würde im Angesichte des Todes zu der katholischen Kirche übertreten. Dem Propst von Windsor, D. Feckenham, einem gelehrten und fein gebildeten Manne, wurde der Versuch aufgetragen. Johanna empfing ihn mit einer Milde und Zartheit, die ihn selbst tief bewegte. Den Religionsstreitigkeiten wich sie aus. Sie habe die wenigen Stunden nöthig, sich zu sammeln, und auf den wichtigen Schritt vorzubereiten.

Er nahm dieß für einen Wunsch, ihre Hinrichtung aufgeschoben zu sehen, und erbath ihr noch drey Tage Frist. Sie waren ihr unwillkommen. Indeß blieb sie bey den wiederhohlten Besuchen keine Antwort schuldig, und vertheidigte ihren Glauben mit Gewandtheit und Beredsamkeit, richtete auch an ihren vormahligen Lehrer H a r d i n g, den die Zeiten der Verfolgung wankend gemacht hatten, voll Mißmuth über seine Abtrünnigkeit von einer Lehre, die sie zum Theil seinem Unterricht verdankte, einen noch vorhandenen, sehr heftigen und bittern Brief, der jedoch zuletzt mit den innigsten Bitten, zur Wahrheit zurück zu kehren, endigte. Auch ihrer S c h w e s t e r schrieb sie, indem sie ihr griechisches N. Testament ihr zum Andenken übersendete, in gleicher Sprache auf die weißen Blätter einen rührenden Abschied, und beschwor sie, dem evangelischen Glauben treu zu bleiben.

So kam der Tag des Todes heran. Guilford sollte zuerst sterben. Er wünschte J o h a n n e n noch einmahl zu sehen. Sie kannte wohl seine Schwäche, fürchtete die Scene des Abschieds, und ließ ihn bitten, ihr und sich den Kampf zu ersparen, und sie lieber jenseits zu erwarten, da nur wenige Augenblicke zwischen ihrer Wiedervereinigung lägen. Als er zum Tode auf T o w e r h i l l geführt ward, winkte sie ihm aus dem

Fenster ihres Verhaftes das letzte Lebewohl zu, sah bald
darauf den in ein weißes Tuch gehüllten Leichnam vorüber führen, und freute sich zu hören, daß er standhaft
und dem Glauben getreu gestorben sey. Bridgs, der
Lieutenant des Towers, erbath sich ein Andenken. Sie
gab ihm ihre Schreibtafel, in die sie noch eben einige
Sentenzen über die Nichtigkeit alles Irdischen und über
das gerechte Urtheil, das die Unschuld erwarten dürfe,
in verschiedenen Sprachen geschrieben hatte.

Man fürchtete, die Öffentlichkeit ihrer Hinrichtung werde einen zu starken Eindruck machen. Es
war daher befohlen, das Blutgerüst innerhalb des Towers, auf dem Rasenplatz vor dem weißen Thurme,
zu errichten. Der katholische Geistliche Feckenham
wich nicht von ihrer Seite. Ihr Gebethbuch in der Hand,
achtete sie wenig auf seine Zusprache. Doch dankte sie
ihm zuletzt sehr freundlich für seine theilnehmende Güte
mit dem Wunsch, daß ihn Gott erleuchten wolle, die
Wahrheit zu erkennen. In einer kurz gefaßten Rede
klagte sie sich nochmahls der übereilten Annahme der
Krone an, wiewohl ihr Herz sich nie darnach gesehnt, und
demüthigte sich vor Gott, der sie durch Leiden der An-
hänglichkeit an das Irdische habe entreißen wollen. Sie
sey nicht frey gewesen von Eitelkeit und Wohlgefallen

an vergänglicher Lust. Aber sie habe durch ihr Schicksal
Zeit gewonnen, ihre Fehler zu bereuen und ihren Frieden mit Gott zu machen. „Übrigens," — setzte sie hinzu —
„nehme ich Sie, Mylords und übrige hier Versammelte, zu Zeugen, daß ich als eine evangelische Christinn
sterbe, allem Verdienste vor Gott durch meine Werke
entsage, da ich wohl weiß, wie viel an ihnen fehlt, um
nicht allein auf seine Gnade und das Verdienst Jesu
Christi zu rechnen." Sie endete mit dem lauten Gebeth
des 51. der Psalme Davids.

Hierauf — so erzählen alle Chroniken jener Zeit —
hat sie, die angebothene Hülfe des Nachrichters ablehnend,
sich selbst das Oberkleid aufgeschnürt, dann von ihren
treuen Dienerinnen Elisabeth und Helena entkleiden lassen, darauf Halstuch und Handschuhe unter
sie vertheilt. Dem kniend um Verzeihung bittenden
Nachrichter hat sie freundlich geantwortet, und nur gebethen, schnell mit ihr zu enden. Als man ihr das Tuch
zum Verbinden der Augen gereicht und sie den Block
erblickt, hat sie gefragt: „Wird mich der Streich treffen,
ehe ich mich darauf gelegt?" Da man sie des Gegentheils
versichert, hat sie schnell die Augen verbunden, dann
nach dem Block umher gegriffen, und nachdem man sie
daran geführt, sogleich das Haupt willig hingestreckt.

Unter dem brünstigen Gebeth: „Herr! in deine Hände befehle ich meinen Geist!" ward es vom Körper getrennt. Da — mögen wir wohl mit Schiller sagen — da ging

> Ihr Kerker auf, und ihre Seele schwang
> Auf Engelsflügeln sich empor zur ew'gen Freyheit.

In der Capelle des Towers wurde sie neben Guilford bestattet. Kein Auge, selbst deren, die auf Mariens Seite gewesen, ist dabey trocken geblieben; in alle Länder ist der Ruf ihres seltenen Verstandes und ihrer schönen Seele gedrungen; überall, auch spät noch, sind nahe und fern ihrem Schicksale Thränen geflossen. Künstler und Dichter haben gewetteifert, sie in ihren Werken zu verherrlichen. Der Oberrichter Morgan aber, der ihr Todesurtheil gesprochen hatte, ist nach dessen Vollziehung wahnsinnig geworden, hat unaufhörlich ausgerufen: „Weiche — weiche von mir, Johanna!" — und so ist er gestorben.

So stellt denn die englische Geschichte, unter drey auf einander folgenden Regierungen, in einem Zeitraum von neun und fünfzig Jahren, eine höchst tragische Trilogie in dem Schicksal dreyer Königinnen auf, die auf dem Blutgerüst geendet haben. — Mit diesem Eindruck verließ ich den Tower, und suchte nach einer langen Wanderung, die mich zugleich dem Grabmahl der Maria Stuart in Westminster näher brachte, die Einsamkeit. Eine grauenvolle Vergangenheit war vor mir aufgestiegen; eine durch die Kerker, die Richtstätten, das Henkerbeil aufgeregte Phantasie lieferte auch der ruhigen Betrachtung reichen Stoff. Das Leben und das Ende dieser königlichen Frauen ging noch einmahl vor mir vorüber. Welche von ihnen, aus dem moralischen Standpunct aufgefaßt, die gerechtesten Ansprüche an unsere Theilnahme habe, konnte nicht zweifelhaft seyn. Aber jede von ihnen ist auch von dramatischen Dichtern zur Heldinn gewählt; wie von J. Banks die Anna Boleyn; Johanna Gray von Rowe und Wieland; von unserm großen Zeitgenossen die Maria Stuart. Dachte ich sie mir aus diesem Gesichtspunct, so änderte sich die Ansicht; es könne, schien es mir, nur zwischen Anna und Maria die Entscheidung des Dramaturgen schwanken. In einer Beylage werde ich meine Gedanken darüber dem Urtheil der Ästhetiker unterwerfen *).

---

*) M. s. in den Zusätzen, Nr. IV.

Die königlichen Wohnungen Carltonhaus und Schloß Windsor.
(Carltonhouse. Windsor-Castle.)

Ich habe Gelegenheit gehabt, beyde genau kennen zu lernen. Carltonhaus bewohnte der jetzige König Georg IV. schon seit 1788 als **Prinz von Wales** und hernach als **Prinz-Regent**; Schloß Windsor war der vormahls so geliebte, späterhin so traurige Aufenthalt Georg III. bis zu seinem Tode. Dort ist alles reich und neu; hier alles einfacher, und selbst das Prächtige veraltet.

Man muß besondere Empfehlungen haben, um Carltonhaus im Innern zu sehen. Ich fand sie durch den eben in London anwesenden hannöverschen Quartal-Courier Herrn Heidmüller, der, da mehrere Depeschen sogleich an den jedesmahligen **Regenten** abgegeben werden müssen, sehr bekannt im Hause, und daneben ein Landsmann des deutschen Geheim-Kämmeriers war, unter dessen Aufsicht die Gewehrkammer steht. Gerade diese **Gewehrkammer** gehört, besonders für Kenner, zu den ersten Sehenswürdigkeiten des Pallastes. Sie füllt vier Zimmer im zweyten Stock, in deren Nähe der Prinz selbst wohnt. Für einen militärischen Besucher muß es im hohen Grade interessant und lehrreich seyn, von der Armatur aller Nationen alter und neuer Zeit, von der Rüstung des preußischen Grenadiers oder Jägers, bis zu dem Waffenschmuck der Seapoys, der Chinesen, der Japaner, der Leibwache des Großmoguls u. s. w., auch keine einzige zu vermissen, und Beobachtungen, theils über die nationale Verschiedenheit, theils über die Fortschritte der Kriegskunst, und selbst des Geschmacks in der Verfertigung aller dieser Werkzeuge des Todes, anzustellen. Der Reichthum, welchen diese vier Gemächer an einzelnen Kostbarkeiten, an den edelsten Metallen, an Juwelen und Perlen, womit die Prachtsäbel, die Degengriffe, die Turbans und Helme geschmückt sind, enthalten, ist wohl unschätzbar. Vor allen zeichnet sich, wie man leicht erwarten kann, das aus, was aus Ostindien kam; nahmentlich so manches aus den unermeßlichen Schätzen, welche den Engländern im Jahr 1792, nach dem Sturm von Seringapatnam, wo der gewaltige Tippo-Saheb zuletzt Reich und Leben verlor, zur Beute wurden. Das Nachbild dieses unglücklichen Sohns eines bessern Paters, des bekannten Hyder-Ali, das man mit dem Schmuck, den er trug, bekleidet hat, symbolisirt recht lebendig den Tyrannen von Mysore, wie in seiner Herrlichkeit, so in seinem Fall. Die Rücklehne des goldenen Throns des letzten zingalesischen Königs von Kandi, Rajah Sindah, bildet eine große Sonne mit vielen von Juwelen seltener Größe durchbrochenen Strahlen. Man zeigt seinen Thron als das jüngste Denkmahl der brittischen Eroberungen in Indien. Denn erst im Jahre 1815 ging der Glanz seiner Herrschaft unter, und England gewann durch den Sturz des Reichs die Alleinherrschaft auf Ceylon. Ein Jahr später ward Thron und Scepter des Besiegten den Schätzen dieser königlichen Sammlung zugesellt.

Wenn man sich von allen diesen Trophäen, welche vielmehr eine geistige als physische Überlegenheit, aber auch viel mehr eine ungemessene Begier nach Besitz und Herrschaft, als gerechter Anspruch hier zusammen gehäuft hat, umgeben sieht, — wie möchte man da nicht versucht werden zu fragen: „Was gab Europäern, oder genauer zu reden, was gab einer Handelsgesellschaft (Ostindische Compagnie genannt) das Recht, in einem fremden Welttheile Königreiche zu zertrümmern und Nationen zu unterjochen, denen es gewiß nie eingefallen wäre, den Frieden eines entlegenen Inselreichs zu stören?"

Daß, wie in der Natur aus den furchtbarsten Zerstörungen so oft neue Bildungen und Organismen hervor gehen, eben so auch in der Menschenwelt anfangs empörende, aber doch nur m o m e n t a n e Grausamkeiten, t a u s e n d j ä h r i g e n Gräueln ein Ende gemacht haben, kann diese zwar nicht entschuldigen, und der Erfolg nicht gut machen, was nicht gut ist an sich; aber es hat doch diese Erfahrung für den Menschenfreund wenigstens etwas Beruhigendes. In dem Untergang der Rohheit und Barbarey uncivilisirter, oder in den tiefsten Aberglauben versunkener Völkerschaften darf er doch, wenn auch erst nach hundert Sonnenwenden, das Emporkommen künftiger Generationen ahnden, die vielleicht nur durch die gewaltsamsten Mittel m e n s c h l i c h e r , also auch b e s s e r und g l ü c k l i c h e r werden konnten. G r o ß b r i t a n n i e n hat nicht mehr als ungefähr a c h t z e h n Millionen Einwohner. Dieses beschränkte Reich ist gleichwohl nach und nach Herr einer Ländermasse von s e c h z i g Millionen Menschen in fremden Welttheilen geworden. Und wer mag verkennen, daß durch diese Oberherrschaft eines so hochgebildeten Volks, der geistigen, sittlichen und religiösen Cultur, und mit ihr auch edlern und sanftern Mitteln sie zu vollenden, der Weg gebahnt ist? Selbst da, wo rohe Nationen noch weit

entfernt sind, Sinn für die Wissenschaften zu haben,
oder die Lehren einer geläuterten Religion anzunehmen,
— die doch unter allen Bildungsmitteln der Menschheit
von jeher das wirksamste gewesen ist — fangen sie wenigstens an, die Überlegenheit, welche geistige Cultur den
Europäern über sie gibt, zu fühlen, und werden geneigt,
ihren Kindern das Lesen und Schreiben lernen zu lassen.
Unter bestimmten Gesetzen, die von einer gereiften Ver-
nunft, nach deutlicher Einsicht in die Grundfesten einer
jeden Staatsgesellschaft, entworfen sind, befindet sich
überdieß jedes Volk besser, als unter gesetzloser Willkühr.
Die Härten und Unmenschlichkeiten, deren sich einzelne
englische Gouverneurs schuldig gemacht haben, waren unter dem Scepter asiatischer Sultane, Peisch-
wa's, Schach's und Rajah's der gewöhnliche Zustand. Krieg und Länderverwüstung war das Geschäft
ihres Lebens, und das furchtbare Schicksal ihrer Gefangenen kennt man aus allen Beschreibungen jener Länder. Die allmählige Zertrümmerung des Reichs des
großen Moguls, so weit sie durch brittische Waffen be-
wirkt wurde, hat allerdings genug Blut gekostet. Aber
es ist dennoch nicht zu vergleichen mit dem, wovon noch
in der Mitte des vorigen Jahrhunderts Delhi, der
Sitz des Aurangzebs und seiner Nachfolger, Zeuge

war, als ein beleidigter hindostanischer Fürst den persischen Tyrannen Schach Nadir zu Hülfe gegen den damahligen Mogul Mahmud gerufen hatte. Mahmud legte Diadem und Scepter zu seinen Füßen und hundert tausend Menschen ohne Unterschied des Alters, Geschlechts oder Standes schwammen in ihrem Blute. Tausende stürzten sich in die Brunnen. Viele der Hindus schloßen in rasender Verzweiflung ihre Familien ein, steckten die Häuser in Brand, stürzten sich dann in die Flammen, um mit Weibern und Kindern umzukommen. Mitten unter diesen grausenvollen Scenen saß Schach Nadir in der Moschee mit seinem teuflischen Angesicht. Als er vernahm, daß fünf hundert seiner Leute zu den freyen Horden am Kaukasus zu fliehen gedachten, da ließ er ihnen mit Federmessern die Augen ausschneiden. So that er am Kuru sieben hundert andern, die gleichen Sinn trugen; hundert und zwey und neunzig Köpfe ihrer Vornehmsten ließ er in einen Thurm einmauern. Seinem ältesten Sohn ließ er die Augen ausstechen, weil er zu sehr geliebt wurde. Wer wider die militärische Pflicht irgend sündigte, dem wurden die Ohren oder die Lippen abgeschnitten, oder er wurde bey den Füßen aufgehangen und so lange auf die Sohlen geschlagen, bis die Knochen entblößt waren*). Auch der König von K a n d i, dessen Thron mich zu dieser Ausschweifung verleitet hat, war der willkührlichste Tyrann, und von seinem eigenen Vezier wegen seiner unerhörten Grausamkeiten den Engländern verrathen. Wenn nur die Hälfte von den Unmenschlichkeiten wahr ist, die mir ein Deutscher, der lange als Soldat im englischen Dienst stand, selbst bey seiner Gefangennehmung gegenwärtig war, und durch einen sonderbaren Zufall, eben als ich das vorstehende geschrieben hatte, vor meiner Thür um ein Reisegeld bath, erzählte, so kann man sich doch nur freuen, daß dieser Thron jetzt h i e r steht, daß keine Schlachtopfer mehr seine Stufen mit ihrem Blute färben, daß kein Barbar ihn wieder besitzen wird.

Die eigentlichen Wohnzimmer des jetzigen Königs in Carltonhaus sind für Fremde unzugänglich. Aber die Staatszimmer und Säle in dem untern Geschloß gewähren durch eigenthümliche Pracht, modernen Geschmack und unschätzbaren Reichthum doch mehr Unterhaltung, als man gewöhnlich zu finden pflegt,

---

*) So erzählt J o h a n n e s M ü l l e r in der allg. Gesch. 3. Th. S. 313, und so bestätigt es noch neuerlich W. T h o r n in der Geschichte des Krieges in Indien, C. 4. Ein Auszug davon steht in F. v. C ö l n neuen freymüthigen Blättern vom Jahre 1820, 4. Heft.

wenn man sich an der Seite langweiliger Führer durch
alle Gemächer fürstlicher Schlösser durchquälen muß.
Der Kunstkenner findet vortreffliche Gemählde aus der
alten und neuen Schule, auch Büsten von Fox, Lady
Hastings u. A. In dem Bibliothekzimmer
würde der Literator, und besonders der Freund von
Prachtausgaben und Seltenheiten jeder Art, gern viele
Tage verweilen. Der Saal, worin das kostbare silberne
und goldene Tischgeräth — welches noch aus den Zeiten
Carl I. und der Königinn Elisabeth stammt —
hinter großen Spiegelscheiben (jede, sagte der Führer,
koste an 200 Thlr.!) aufgestellt ist, gewährt einen ganz
einzigen Anblick, so wie der Thronsaal und das Zimmer,
worin sich der geheime Ministerialrath versammelt, wie
man erwarten kann, einer großen Nation würdig ist.

Am wenigsten Eindruck macht das Äußere von
Carltonhaus. Eine lange Säulenreihe ionischer
Ordnung, welche gegen die Straße den Vorhof begränzt,
verbirgt beynahe die ganze Fronte des nur zwey Stock
hohen Hauses, dessen obere Zimmer noch dazu auffallend
niedrig sind. Man war aber eben sehr daran, nicht nur
den Platz, wo das Schloß liegt, durch edlere Gebäude
zu verschönern, sondern durch Wegschaffung vieler Häuser eine weite Aussicht bis in die Straße von Pica-

dilly zu eröffnen, um sie dann durch architektonische Prachtgebäude zu schließen. Dann soll auch die Colonnade vor der Fronte weggerissen und das ganze von seiner ängstlichen Beschränkung befreyt werden. Bey der unglaublichen Schnelligkeit, womit man in London große Gebäude entstehen und verschwinden sieht, wird unstreitig der Plan seit Jahr und Tag schon weit fortgerückt seyn. — Ein späterer Reisender sagt mir, er sey fast vollendet.

Windsor, sechs kleine Meilen von London, ist an sich nicht beträchtlich, und wird von Eton, einer noch kleinern aber durch ihre Schulanstalt so berühmten Stadt, bloß durch eine Brücke geschieden. Es liegt in dem Mittelpunct sehr schöner, höchst fruchtbarer und cultivirter Ebenen, umgeben von einer zahllosen Menge reicher Landsitze und lieblicher Landhäuser (Lodges, Cottages), die von Familien, welche sich dem Stadtgewühl entziehen wollen, oft das ganze Jahr hindurch bewohnt werden. Mit der Stadt hängt das Schloß (Windsor-Castle) nah zusammen, erhebt sich aber auf einer bedeutenden Anhöhe, die man von einer Seite auf mehreren hundert Stufen ersteigen muß. Es hat von fern und selbst in der Nähe, durch die hohen von Quadern hinauf geführten Mauern fast das Ansehen einer Bergfestung, wozu es auch wohl **Wilhelm der Eroberer**, der vor sieben hundert Jahren den ersten Grund dazu legte, bestimmt haben mag. Unter den **Eduards** ist vieles verändert und erweitert. **Heinrich der Achte** aber, und seine 45 Jahre lang regierende Tochter **Elisabeth**, späterhin **Carl II.**, haben eigentlich dem Schloß seine jetzige Gestalt gegeben. Um einen Theil der Gebäude geht ein, an der einen Seite wohl 25, an der andern etwa 10 Ellen breiter, mit Sand belegter Weg, oder die berühmte **Terrasse**, welche zuerst von der Königinn **Elisabeth** angelegt, dann erweitert, in so vielen Beschreibungen der Reisenden, selbst in so vielen Liedern der Dichter hinsichts der wundervollen Aussicht zu den schönsten Standpuncten in England gerechnet wird. In der That kann man sich kaum von dem Anschauen der wiewohl mehr lieblichen als großen Natur, die sich rings umher dem Auge darstellt, trennen. Zur Linken erblickt man den gefeyerten **Park von Windsor**, den die Freunde der englischen Literatur aus **Pope's** Gesängen kennen. Daran lehnt sich die ehrwürdige gothische Kirche von **Eton**. Im Vorgrunde sieht man in das — alles was wir gewohnt sind, übertreffende — Grün der Wiesen *), reich geschmückt mit dichten Baumgruppen im herrlichsten Wuchs, und von der mannigfaltig-

---

*) Die Schönheit des englischen Rasens veranlaßte den Gallo = Amerikaner Simond, die Mühe, die man darauf wendet, näher zu untersuchen. Er berichtet in seiner Reise darüber Folgendes: „Zuerst werden alle grosse Unebenheiten so viel als möglich geebnet. Die Walze thut dann das Übrige. Besonders braucht man sie im Frühling, wenn der Boden so fest geworden ist, daß sie nicht mehr einsinkt, und doch noch weich genug, um sich zu ebnen. Wenn das Gras moosicht wird, frischt man es durch Asche oder Dünger wieder an, aber nur selten, weil es nicht hart und fest, sondern niedrig und dünn wachsen soll. Man mäht, oder vielmehr man schiert diese völlig ebene Fläche wohl wöchentlich Einmahl, ja in warmer und regnichter Zeit wohl zweymahl. Bey trockenem Wetter ist Einmahl des Monaths genug. Das Wetter muß feucht, die Sense muß sehr scharf und so gestellt seyn, daß sie ganz platt auf dem Rasen streicht, und eine breite Klinge haben. Die Walze ist gewöhnlich von gegossenem Eisen und inwendig hohl. Die Handwalzen haben ungefähr 18 — 20 Zoll im Durchmesser, sind 2½ bis 3 Fuß lang und wiegen etwa 500 Pfund. Die, welche ein Pferd zieht, sind zwey= oder dreymahl so schwer. Ich habe vor einigen vier Pferde gesehen." So weit Simond. Auf diese Art wird es allein erklärlich, wie der so bearbeitete Rasen (turff) diese Vollkommenheit erhält. Ich kann versichern, daß es mir vornähmlich in einigen der Collegien=Gärten zu Oxford vorkam, als ob ich auf Teppichen von dem schönsten grünen Sammt ginge.

ſten Schattirung des Laubes. In unzähligen Windungen (wovon vielleicht der Nahme Windsor) schlängelt sich die Themſe, und überglänzt im Sonnenschein, wie geschmolzenes Silber, die heerdenreichen Wiesen. Den weiteſten Blick nach allen Seiten hin hat man auf dem alten runden Thurm, vormahls der Wohnung des Commandanten. Die Platteform iſt mit Bley bedeckt, so daß man auf derſelben rings umher gehen kann, wo denn das Auge die ganze Gegend beherrſcht und zwölf Grafschaften überblickt. In der Mitte erhebt ſich ein hoher Baumstamm, an welchem die Reichsfahne, zwanzig Ellen lang, mit dem Wapen Englands und Schottlands flaggt, wodurch man immer viele Meilen weit umher wiſſen konnte, wenn der König in Windsor gegenwärtig war.

Das Schloß, deſſen Inneres man ohne Schwierigkeit sehen kann, hat große, zum Theil sehr antik decorirte und möblirte Säle und Zimmer. Man wird besonders auf das aufmerkſam gemacht, worin alle Schönheiten, die einſt an dem üppigen Hofe Carl II. glänzten, meiſt von Kneller gemahlt, eine lange Reihe bilden. Andere waren zu großen Feſtlichkeiten, zu Verſammlungen und Concerten beſtimmt geweſen. Noch erblickt man in dem einen derſelben Händels Orgel nebst seinem Bildniß. Zu der ersten Fahne, die Marlborough nach dem Siege bey Blenheim nach England sendete, waren die ersten Adler, die der brittische Held von Waterloo überschickte, das herrlichste Gegenstück. Beyde Siegeszeichen fanden wir in einem jener großen Säle aufbewahrt. In dem Innern des Schlosses herrschte seit der Krankheit des Königs eine öde Stille. Wir näherten uns dem Zimmer, in welchem seit vielen Jahren Georg III. wohnte. Nur zwey Wände, sagte unser Führer, trennen uns von dem Monarchen. Man weiß, daß er schon früher in eine traurige Geisteszerrüttung verfiel, die jedoch im Jahre 1789 wieder vorüber ging. Aber seit 1810 hatte alle Kunst vergebens gestrebt, den Nebel, der seinen Geist umhüllte, zu zerstreuen, und es war ihm kaum eine Erinnerung an vorige Zeiten, mit einem dunkeln Bewußtseyn seiner Würde, geblieben. Zuletzt hatten ihm auch die beyden edelsten Sinne den Dienst versagt. Alle Monathe ging eine eigene Commission, zu der auch der Bischof von London gehörte, nach Windsor, um über seinen Zustand treuen Bericht zu erstatten. Sonst war, außer den Gliedern seiner Familie, jedem Andern der Zugang zu dem königlichen Kranken verschlossen. Die Königinn hat ihn, so lange sie es selbst vermochte, wöchentlich zwey=

mahl gesehen. Sie starb vor ihm. Am 29. Jänner 1820 endete auch er seine trüben Tage.

Mit einer ganz ungetheilten Verehrung und Liebe hat die Nation an ihm gehangen, und von den täglichen Gebethen um die Fristung seines Lebens, welche ich noch während meines Aufenthalts in England so oft hörte, sind gewiß recht viele aus der tiefsten Seele gekommen. Die Veränderung scheuend, vorahnend was sie für Folgen haben könnte, hielt man sein bloßes Daseyn schon für eine Wohlthat. Das alte Volkslied: God save the King! ward bey allen Gelegenheiten aus voller Brust gesungen. Wenn sich nur ein Glied der königlichen Familie im Theater sehen ließ, wurde augenblicklich vom Publicum die Absingung von den Schauspielern gefordert, und man konnte es kaum abwarten, bis der Vorhang herab gelassen ward und das Sängerchor hervor trat, wo denn bey den Stellen: great Georg our King! Our noble King! immer der lauteste Beyfallsruf ertönte. In allen Bilderladen hing sein Bildniß, besonders wie man ihn sonst, im Sommer in der Regel von Freytag bis Sonntag, auf der Terrasse zu Windsor gegen Abend mit seiner Familie umher wandelnd, und Jedermann freundlich anredend, zu erblicken gewohnt gewesen war. „Ich kann," sagte unser jetzt bey dem brittischen Museum angestellter Landsmann, Herr Röden *), nie den Eindruck vergessen, welchen der Anblick dieses anerkannt edlen Fürsten auf mich machte, als ich ihn zum ersten Mahl in der Hofkirche zu Windsor sah. Er war damahls 51 Jahre und gehörte noch zu den schönsten Männern. Sein unbeflecktes Leben, seine tugendhafte Häuslichkeit, die pünctliche Erfüllung seiner Regentenpflichten, die einnehmende Männlichkeit seiner Person, die alt-englische Einfachheit in seinem Betragen, seine herab lassende Leutseligkeit im Umgange, flößten Hochachtung ein, und gewannen ihm alle Herzen. Die königlichen Kinder waren damahls noch im jugendlichen Alter, und bildeten eine äußerst liebenswürdige Gruppe um die erhabenen Ältern." Wenn man hierbey an so manche schmerzliche Erfahrungen denkt, welche diese königlichen Ältern gleichwohl späterhin in ihrer Familie erlebt haben, so möchte man fast an dem Eindruck vortrefflicher Beyspiele irre werden, wenn man nicht wüßte, wie sehr die Welt, zumahl die große Welt, mit allen ihren Verführungen selbst in die sorgfältigste Erziehung eingreift, und wie viel sie fast gewaltsam zerstört, was jene gebaut hat.

---

*) Zeitgenossen St. XVII.

Bey der schwächern Gesundheit des **Prinz-Regenten, jetzigen Königs,** hatte die Hoffnung des Landes desto freudiger auf seine durch Geist und Herz ausgezeichnete Tochter, die Prinzessinn **Charlotte** hingeblickt. In ihrer Verbindung mit dem edeln **Prinzen von Coburg,** die lediglich das Werk ihrer eigenen Wahl war, schien sich die alte Tugend und Häuslichkeit ihrer Großältern zu verjüngen. Wie schnell ging auch dieser Stern unter! Bekanntlich starb sie bald nach der Geburt eines Prinzens, der selbst nur Einen Blick in das Leben that, und der noch wenige Stunden vorher überglückliche Gemahl verlor in der nächsten eine hochgeliebte Gattinn, einen Sohn, und die Aussicht auf den Antheil an eine Krone, den ihm die allgemeine Liebe und die Achtung schon zugesichert hatte. Man hat mir oft gesagt, daß man sich keines Tages erinnere, der dunkler und schreckenvoller über London aufgegangen sey, als jener verhängnißvolle. Wie mit einem elektrischen Schlage sind alle Kaufläden geschlossen, ist Alles in Trauer gehüllt gewesen. Die ältesten Greise hat man auf der Straße weinen gesehen. Man hat anwenden können, was **Klopstock** bey dem Tode der Königinn **Louise** sang —

„Wer mehr empfand, blieb unbeweglich stehen,
Verstummt', und weint' erst spät."

Wie sehr auch die Nation an der Idee der Freyheit hängt, so hängt sie doch eben so fest an Regenten, welche das Bollwerk derselben, die Constitution, ehren und schützen. Der König kann, durch sie gebunden — dieß ist ein National-Gefühl — nie Böses, aber unendlich viel Gutes thun. In der Prinzessinn Charlotte hoffte man dereinst eine Regentinn zu besitzen, ähnlich der gefeyerten Elisabeth, weise, fest, mächtig wie sie, aber durch Weiblichkeit und Güte weit über sie erhaben.

In der, unter andern auch wegen der schönen neuen Glasmahlerey, sehenswürdigen Kathedralkirche von Windsor, oder der St. Georgen-Capelle, einem sehr edlen gothischen Gebäude von grossem Umfang, in welcher reiche Domherren täglich durch Vicarien (Choristers) Psalmen und Gebethe für sich singen lassen, ist jetzt die königliche Gruft. Man wallfahrtet noch immer zu ihr hin, um der unvergeßlichen Charlotte zu gedenken. Mit nassen Augen zeigte man uns die Stelle, wo der trostlose Gemahl seinen Schmerz bey der feyerlichen Bestattung bezwingen mußte, als er mit dem Sarge, der sein ganzes Glück in sich schloß, alle seine Hoffnungen versenken sah. Die

Begräbnißfeyer des entschlafenen Monarchen — wie wird sie alle diese Empfindungen wieder aufgeregt haben!

In dieser Kirche werden die **Ritter vom Hosenbande** (the garter) installirt. An den Säulen im hohen Chor schweben die Fahnen mit dem Wapen eines Jeden über ihren Sitzen, so lange sie leben. Die Fahnen **Friedrich Wilhelms** und **Alexanders**, welche bey ihrem Besuch im Jahre 1815 mit dem Orden bekleidet wurden, gehörten zu den jüngsten. Als Unterbediente des Ordens betrachtet man die Mitglieder einer Stiftung für herab gekommene Edelleute oder Militärs. Sie führen den Nahmen der poor Knights, d. i. **der armen Ritter.**

———

Die Porter-Brauereyen.

Ich hatte es mir zum Gesetz gemacht, die beschränkte Zeit meines Aufenthalts in der Hauptstadt nicht durch das Anschauen von Gegenständen zu verkürzen, die zu sehr außer dem Kreise meiner Kenntniß und Beurtheilung lägen. Selbst bey denen, die auch für den Nichtkenner ein gewisses allgemeines Interesse behalten, wollte ich mich lieber mit mündlichen und schriftlichen Beschreibungen begnügen. Nahmentlich sollte dieß der

Fall mit allem dem seyn, was zum Fabrik- und Maschinenwesen, und überhaupt jenen merkwürdigen mechanischen Erfindungen gehört, wodurch sich der brittische Erwerbfleiß von jeher, in neueren Zeiten aber in einem so ganz einzigen Grade ausgezeichnet hat. Hierzu ist auch nahmentlich die jetzige Einrichtung der Brauereyen des Porterbiers zu rechnen. Doch gerade diese, meinten alle meine Bekannte und Freunde, müsse keiner, der London gesehen habe, ungesehen lassen. Er würde versäumen was nirgend anders nachzuhohlen sey.

Ein durch Geist und Herz gleich achtungswürdiger Theilhaber eines großen Handelshauses, Herr Heisch, ein geborner Straßburger und vormahliger Freund des unvergeßlichen D. Blessig, both sich mir zum Führer an. Durch seine Bekanntschaft mit einem der ersten Brauherren gelang es mir, alles noch genauer zu sehen als man es gewöhnlich Fremden zu zeigen pflegt. Ich kann nur berichten, was unmittelbar in's Auge fiel. Dem werkverständigen Leser möchte ich einen geschicktern Berichterstatter wünschen, der ihn tiefer in das Innere blicken zu lassen vermöchte.

Zuerst etwas über den Ursprung und die Benennung des so berühmten englischen Porters. In frühern

Zeiten hatte man dreyerley **Malzgetränke**, welche **Ähl, Bier,** und **Zweypfennig-Bier** genannt wurden. Gewöhnlich wurden diese an Güte und Stärke verschiedenen Arten vermischt getrunken, und man forderte in den Bierhäusern entweder **halb und halb ander** (half and half) oder auch **dreydräthiges Bier** (three threads), worunter ein Gemisch aller drey Arten verstanden wurde. Dieß hatte die Unbequemlichkeit, daß der Schenkwirth immer vor drey Fässer treten mußte, was denn zuerst den Brauer **Howard** auf den Einfall brachte, eine Bierart zu versuchen, die an Geschmack und Kraft jenen gemischten Getränken gleich käme. Es gelang ihm um das Jahr 1730, und weil das von ihm erfundene Bier seiner nährenden und stärkenden Kräfte wegen sich vornähmlich für Leute eignete, welche schwere Arbeit verrichteten, so nahm er Anlaß davon, es nach diesen **Porter** zu nennen, welches im Englischen bald einen **Pförtner**, bald einen **Lastträger** bezeichnet*). Stärker noch als der Porter ist das **Ähl**; leichter das, was man **Tafelbier** (table bier) nennt.

Bekanntlich gehören nun jene Getränke, und besonders der Porter, womit die Hauptstadt sich selbst und

---

*) S. Campe's Reisen 4. Theil S. 400.

das ganze Land umher versorgt, zu den allerbedeutendsten und einträglichsten Erwerbszweigen. Der Gewinn davon, sagte einst Johnson, übersteigt selbst die Träume des Geizigen. Man zählt, außer unzähligen kleinern Brauhäusern, allein an zwölf Porter- und sechs Ühlbrauereyen von ungeheurem Umfang. Die von Barclay, Perkins und Comp., welche wir besuchten, steht an Größe und Vertrieb oben an; nächst dieser die, welche dem, auch als Oppositions-Redner bekannten Whitbread, der sich vor wenigen Jahren mit dem Schermesser das Leben nahm, gehörte; dann Meur, Reid u. s. w. Diese Nahmen glänzen dem Auge in und außer London, in allen Straßen, an unzähligen Schildern der Bier- und Gasthäuser entgegen. Herr Barclay, eben so gefällig als fein gebildet, auch, wenn ich nicht irre, Mitglied des Unterhauses, empfing uns mit entgegen kommender Bereitwilligkeit, und beauftragte den ersten seiner Officianten, uns mit Allem bekannt zu machen. Bald fand ich bestätigt, was ich oft darüber gelesen hatte, daß sich eine Londoner Brauerey zu den unserigen wie die Hütte zum Pallast verhalte.

Das Hauptgebäude enthält alle zur Fabrication erforderliche Gefäße, so wie die ganze Maschinerie. In dem untern Raume sieht man zuerst die steinerne Cisterne, welche mehr als vierthalb tausend Oxhoft faßt; dann die ungeheuern kupfernen Kessel, in denen eine ganze Gesellschaft Tafel halten könnte; in der Höhe die Kühlschiffe wie Seen, die mehrere englische Morgen im Umfange haben; die Bottiche und Tonnen von so riesenhafter Größe, daß man zwey bis drey Stockwerk hinauf steigen muß, ehe man die mit einem Balcon umgebene Höhe erreicht. Aber ein einziges dieser großen Gefäße, deren wir gegen neunzig zählten, und in denen der Porter, wenn er die letzte Zubereitung erhalten hat, aufbewahrt wird, faßt 2500 Oxhoft, daher auch das kleinste, wenn es ganz voll ist, für 3000 Pf. Sterlinge, oder 18,000 Rthlr. Werth an Gebräude enthält.

Im Innern dieser Fabrik sieht man indeß nur wenige Arbeiter beschäftigt; Ruhe und Stille herrscht in den großen Räumen. Alles, was in frühern Zeiten theils durch Menschenhände, theils durch eine Menge von Pferden, welche die Pumpen und das gesammte Räderwerk in Bewegung setzten, geschah, das leistet jetzt der Mechanismus einer Dampfmaschine (Steam engine), welche die Seele des ganzen Werkes ist, und nach genauer Berechnung die Arbeit von siebenzig bey Tag und Nacht arbeitenden starken Pferden verrichtet. Sie pumpt das Wasser in die Kessel; täglich werden an dritthalb tausend Scheffel des auf den obern Böden liegenden Malzes von den Hebemaschinen durch verschiedene Canäle dahin gefördert, wo es eben gebraucht wird; große Rechen steigen auf und nieder, und mischen Hopfen und Malz in die siedenden Kessel. Auf gleiche Weise wird die Würze, oder das gar gekochte Bier in die Kühlschiffe, aus diesen in die großen Tonnen, aus diesen durch unterirdische Canäle in die, in andern Räumen liegenden kleinern Fässer gefüllt und geleitet, die dann, ohne daß sie eine Hand berührt, weiter gebracht werden. Nicht genug konnte ich, wo die Hauptmaschinerie des bewundernswürdigen Dampfwerkes befindlich ist, den so einfach scheinenden, und doch so kunstvollen Mechanismus, so wie die vortreffliche Eisen- und Stahlarbeit aller Theile bewundern. Das gewaltige, dabey so sichere, so geräuschlose Arbeiten und Wirken — es erschien mir wie ein recht bedeutsames Symbol der ewig regsamen, aber eben so still und unbemerkt schaffenden und bildenden N a t u r. Ein einziger scharf beobachtender Aufseher stand im Centralpunct, regierend, hemmend, loslassend, wie ein w a l t e n d e r h ö h e r e r G e i s t, dem die blinden Naturkräfte dienstbar sind. Ein Ruck, ein Druck, ohne Reibung, ohne Erschütterung, pflanzt sich in seinen Wirkungen bis in die weitesten Entfernungen fort. Was sonst nur durch organische, menschliche und thierische Wesen zu leisten möglich schien, das hat der rastlos sinnende Beobachtungs- und Erfindungsgeist, die kühnsten Versuche nicht scheuend, durch den Verein dreyer gewaltiger Elemente zu Stande gebracht, ihre geheimsten Kräfte, wie ihre ewigen Gesetze erspäht, und Wasser, Feuer und Luft gezwungen, für menschlichen Gebrauch die Stoffe zu bereiten, welche dem Schooß des vierten entwachsen sind. Das Gegenstück zu dieser großen Maschinerie liefert übrigens die ganz neu erbaute Münze, unzugänglich jedem Fremden, dem es nicht etwa gelingt, durch einen angesehenen Mann eine Einlaßkarte zu erhalten, wie ich durch die Güte des holländischen Consuls so glücklich war. Was man sonst nur zu Soho und Birmingham von den erstaunlichen Wirkungen der Dampfmaschinen (Steam engines) sehen konnte, erscheint hier in der höchsten Vollkommenheit. Das Abrunden, Prägen, Rändern der Münzen erfolgt mit einer Schnelligkeit, der das Auge kaum folgen kann. Eine nähere Beschreibung würde aber mehr noch als bey den Brauereyen die geübte Hand des Mechanikers und Physikers erfordern. Alles erinnert übrigens hier und dort an den Triumph des mathematischen und naturwissenschaftlichen Forschungsgeistes, der im Berechnen, Entdecken, Erfinden, immer fortschreitend, stets weiß was er thut, und früher oder später zu festen Resultaten zu kommen sicher ist, während die philosophische Speculation so oft in dem Labyrinth ihrer Forschungen den Faden verliert, und den Ausgang zu finden verzweifeln muß.

Doch — wie unser Schiller im Liede von der Glocke singt —

„Die Elemente hassen
Das Gebild von Menschenhand!"

Darum bedürfen sie, auch wenn sie gebändigt scheinen, einer strengen Bewachung. Auf's neue erinnerte daran das Unglück, das sich im Jahre 1814 in der großen Brauerey von Meux und Comp. mitten in London ereignete. Das größte, drey Stockwerk hohe Gährungsfaß, das freylich nicht weniger als 400 Barrels oder 900 Tonnen enthielt, umgaben dreyßig starke eiserne Reife; trotz derselben sprang es dennoch. Ein unaufhaltsamer Strom warf sogleich die Wände des Hauses nieder. Die benachbarten Wohnungen stürzten ein; Menschen und Thiere wurden weggeschwemmt. Eine Mutter saß eben in einem nahe gelegenen Hause traurig bey der Leiche ihres Kindes. Da überraschte sie, und das andere neben ihr stehende noch übrige, der Tod. Überhaupt wurden acht Personen das Opfer der Zerstörung. Denn die Erschütterung sprengte noch mehrere Gefäße, und die Keller waren in Seen verwandelt. Man zeigte mir auch diese Brauerey. Aber alle Spuren des Unglücks waren längst verschwunden und das Geschäft ging nach wie vor seinen Gang fort. Ein ganz ähnliches hat sich neulich in Edinburgh ereignet.

Um das gewonnene Porter=Bier nach allen Theilen der Stadt und des Landes, besonders auch an die Ufer der Themse zur weitern Einschiffung zu fördern, stehen in reinlichen Ställen gegen hundert Rosse von einer koloffalen, bey uns fast nie gesehenen Größe, welche täglich an 15 Stunden arbeiten müssen, dafür aber auch in der kräftigsten Nahrung durchaus auf kein bestimmtes Maß gesetzt sind, und gewöhnlich sehr alt werden sollen. Die Höfe gleichen einer Wagenburg von Fuhrwerken aller Art, nach dem Verhältniß der Lasten. Man begegnet ihnen auf allen Straßen.

Aus der ungeheuern Masse des Porters, welche ununterbrochen zubereitet wird, mag man auf den Vertrieb schließen. Nach der neuesten, mir zu Gesicht gekommenen Angabe wurden allein in der großen Barclay'schen Brauerey im Jahre 1818 nicht weniger als 340,560 Barrels oder 242,170 Oxhoft geliefert Der Amerikaner Simond, welcher über alle ökonomische Gegenstände sehr sorgfältige Nachrichten eingezogen zu haben scheint, gibt die jährliche Tranksteuer, welche der Eigenthümer bezahlen muß, auf 400,000 Pf. Sterling oder 2 Millionen 400,000 Thaler an. Die Summe scheint fast unglaublich, und sey dem Urtheil der Statistiker überlassen.

Übrigens erzählt man, daß, als einst der verstorbene König Herrn Whitbread besucht und ihn nach der Zahl der im Gebrauch seyenden Fässer befragt, er die Antwort erhalten habe: „Der Länge nach an einander gelegt, möchten sie wohl von London bis Windsor reichen." Sie würden demnach eine Linie von mehr als vier deutschen Meilen bedeckt haben.

Die Gefängnisse
Kingsbench, Newgate und Mill-Bank.

Es ist eine traurige Betrachtung, daß neben so vielem, auch moralisch Vortrefflichen, was man in England vereint findet, sich zugleich ein so hoher Grad von Verderbniß in allen Gestalten zeigt, daß es kaum Raum genug gibt, um die Verbrecher aller Art durch Absonderung der Gesellschaft unschädlich zu machen. In einer Stadt, die wie London einer kleinen Welt gleicht, und wo also keine Erscheinung des Bösen wie des Guten unerwartet seyn kann, darf dieß am wenigsten befremden. Aber leider gibt es überhaupt im ganzen Reich keine größere und kaum eine Mittelstadt, in der man nicht ähnliche Erfahrungen machen könnte, woran allerdings die Noth der untern Volks-Classen sehr vielen, vielleicht den größten Antheil hat.

Eben so allgemein ist aber auch die Klage, daß für sehr viele die gewöhnlichen Zucht- und Besserungsanstalten mehr eine Schule der Verwilderung, und zuletzt einer gänzlichen Unverbesserlichkeit werden, so daß Unzählige physisch und moralisch darin untergehen. Wie tief dieß manche vortreffliche Männer in England wie in Deutschland gefühlt haben, und was besonders Howard gerathen und gethan hat, um eine radicale Reform der Gefängnisse zu bewirken, ist bekannt genug, und man muß sich um so mehr wundern, daß gerade in dem Vaterlande dieses seltenen Menschenfreundes nicht eine weit allgemeinere Wirkung davon ist. Die Nation hat sein Verdienst nicht verkannt, wie schon sein Denkmahl in der St. Paulskirche beweiset. Aber freylich finden überall die herrlichsten

Ideen in der Wirklichkeit selbst da unendliche Schwierigkeiten, wo es an gutem Willen sie auszuführen durchaus nicht fehlt.

Man findet in London zehn bis zwölf bedeutende Gefängnisse, die jedoch näher kennen zu lernen ich weder Zeit noch Beruf hatte. Nach Kingsbench, das durch die Nahmen so mancher in der Zeitgeschichte berühmt und berüchtigt gewordenen Gefangenen am bekanntesten ist, trieb mich zuerst die Neugier. Wirklich war es auch interessant genug, das innere Leben einer kleinen Stadt zu sehen, deren Eingang und Ausgang ein Pförtner mit Argusaugen bewacht, und deren Mauern, welche das ganze sehr große Local umgeben, so hoch und so glatt sind, daß man noch immer nicht begreift, wie sie Cochrane erklimmen und unbemerkt entkommen konnte. In so fern erinnert alles an den Verlust der Freyheit insolventer Schuldner, oder anderer Staatsverbrecher. Gleichwohl scheint auf der andern Seite nichts zum Lebensgenuß zu fehlen. Die Aushängeschilder der einzelnen Wohnungen kündigen hier ein Kaffehhaus, dort ein Wein= und Speisehaus an; selbst Privat=Bälle und Privat=Theater sollen nichts Ungewöhnliches seyn. Auch eine Kirche ist nicht vergessen. Welche sonderbare Gesellschaft von Vornehmen und Geringen, Staatsmännern, Gelehrten, Militärs mag sich hier zusammen finden, die einst nicht kleine Rollen gespielt, die vielleicht jede Kunst und Wissenschaft, leider nur die eine nicht gelernt hatten, nie mehr auszugeben als einzunehmen, um nicht Ehre und Freyheit auf gewagtes Spiel setzen zu müssen. Was man von der Gesellschaft sah, schien zum Theil ganz guten Muthes zu seyn. Manche gingen und schlichen freylich mit langen bedenklichen Gesichtern umher, als gedächten sie verschwundener besserer Zeiten. Andere sahen hier und da wie ein Bild der Langeweile aus den Fenstern herunter. Andere gingen rasch auf und ab, als sönnen sie einen Plan aus, die ungetreue Fortuna wieder zu erhaschen. Viele erlustigten sich in allerley gymnastischen Spielen. Einige schienen sich auch damit beschäftigt zu haben, die Mauern mit allerley höchst charakteristischen Umrissen kunstvoll zu bemahlen, — was man überhaupt häufig in England sieht, — wobey es an manchen bedeutsamen Carricaturen, die wir freylich nicht verstanden, nicht fehlen mochte.

Bald zog mich indeß das weit mehr an, was seit Kurzem mit so vortrefflichem Erfolge durch den öffentlichen Geist theils von Privatpersonen, theils von der Regierung in andern Gefängnissen geschehen ist, um dem darin herrschenden unbeschreiblichen Elend, und besonders der tiefen moralischen Verderbniß abzuhelfen, und die menschenfreundlichen Plane Howard's in Ausführung zu bringen. Die erste Erfahrung davon machte ich in dem berüchtigtsten von allen, das von einem ehemahligen, in der Nähe gelegenen Thor, Neuthor (Newgate) genannt, oft demolirt, und erst im Jahre 1780 in seiner jetzigen Gestalt wieder aufgebaut ist. Es gränzt dicht an den bekannten Gerichtshof von Old Bailey, vor welchem Verbrecher aller Art öffentlich verhört und gerichtet werden. Auch hat man jetzt den Richtplatz dicht an dieß Gefängniß gelegt, so daß die Verbrecher, die vormahls den langen Weg durch die Oxfordstraße nach Tyburn machen mußten, jetzt nach wenigen Schritten ihr letztes Ziel erreichen. Denn aus der etwas erhöhten Pforte treten sie gerade auf den vorgefahrenen Karren, auf welchem sie der verhängnißvolle Balken erwartet, und die gegenüber liegenden Häuser haben fast jeden Monath das Trauerspiel von sechs bis acht Hinrichtungen vor sich, da nach den englischen Gesetzen schon mäßiger Diebstahl, und besonders Verfälschung von Banknoten, mit dem Tode bestraft wird.

Noch vor vier Jahren wurde nicht die geringste Rücksicht darauf genommen, ob es junge Anfänger im

Bösen, vielleicht halb noch Kinder, oder im Laster ergraute Bösewichte waren, die man hier zusammen drängte. Alle lagen in schmutzigen, ziemlich engen Räumen durch einander, oft Jahre lang mit der Aussicht, über das Meer in ferne Inseln geführt zu werden; ohne alle Anstalt für ihre Belehrung und Besserung. Zwar war immer ein Prediger angestellt, der sein Amt in der bestimmten Stunde durch Ablesen der kirchlichen Gebethe verwaltete, übrigens, selbst bey sehr gutem Willen, wenig von allen Besserungsmitteln erwartete. Die Zahl, besonders junger Personen beyderley Geschlechts, nahm jährlich bloß in diesem Gefängnisse, das keines der größten ist, so sehr zu, daß man in dem Jahre 1814 bis 1818 allein 500 solcher zählte, die noch unmündig waren, und hier oft für eine geringe Schuld unter dem Abschaum der Menschheit büßen mußten.

Da wendete eine Gesellschaft von Menschenfreunden auf's neue das Auge auf diesen wichtigen Gegenstand, und sann auf ein System der Humanität zur Verbesserung der Gefängnisse. Insonderheit trat, vorzüglich hinsichts der weiblichen Gefangenen, die Gattinn des Banquier Frey (Mrs. Fry) von der Gemeinde der Quäker, eine vortreffliche Frau, mit einem Plane hervor, diesem gränzenlosen Elende

abzuhelfen. Nicht irrt gemacht durch die Zweifel und
Einwendungen von allen Seiten, unterrichtete sie sich
zuerst durch eine Reise in mehrere Hauptorte des Lan=
des von dem Zustande der Gefängnisse, und wendete
dann den Schatz ihrer Erfahrungen auf das Versäum=
teste von allen in London selbst an. Mehrere gleichden=
kende und fühlende Frauen vereinten sich mit ihr zu glei=
chem Zweck. Der erste Grundsatz war, daß **weibliche**
Gefangene nur durch **weibliche** Aufsicht und Leitung
regiert werden müßten, Besserung aber nur durch Be=
schäftigung, liebevollen und religiösen Umgang erreicht
werden könne. Gern verstattete man von Seiten des
Stadtraths, der Aldermänner und Vorsteher den Ver=
such. Der Geistliche zuckte die Achseln. Die Aufseher
schüttelten die Köpfe. Doch ward jeder Beystand ge=
währt. Man fing damit an, alle Zimmer und Cellen
zu reinigen, allen Gefangenen eine einfache, doch nicht
gerade gleichförmige Kleidung zu geben, sie nach dem
Alter und Grade ihrer Verschuldungen zu sondern, und
vor allen Dingen zu beschäftigen. Eine bewährte Frau
ward als **Matrone** (so nennt man in England alle
Vorsteherinnen und **Aufseherinnen** solcher
Anstalten) angestellt. Madame **Frey** selbst und die
Gattinn eines deutschen Geistlichen, des auch in Deutsch=

land so hoch geachteten D. Steinkopf, dirigirten das Ganze, und sind noch jetzt, nachdem alles im Gange ist, zwey Vormittage in der Woche wechselweise gegenwärtig. Immerfort aber sind zwey Andere des Vereins in dem Hause zugegen; sehen nach den Arbeiten; unterrichten durch Vorlesen aus der heiligen Schrift und andern lehrreichen Schriften; gewinnen sich da die Herzen; rathen, helfen und sorgen auch, daß die Kinder der Gefangenen in einer besondern Stube Unterricht erhalten. Und der Erfolg! — Mit Wohlgefallen besucht man jetzt eben die Orte, von denen sich noch vor wenig Jahren der Menschenfreund schaudernd wegwendete. Man sieht mit Rührung, wie edle Menschenfreundinnen, statt zu richten und zu verdammen, sich recht im Sinne Christi der Sünderinnen annehmen; man erblickt auf so manchem Gesicht die beginnende Veredlung; man hört mit Freuden, wie so Manche, von Kindheit an verwahrlost, hier die ersten Begriffe von Religion und Sittlichkeit bekommen, und sich an ihnen aufgerichtet haben, Andere unter solchem Zuspruch getrost in die Todespforte getreten sind, zwar im tiefen Gefühl ihrer Schuld, aber doch in freudiger Hoffnung auf einen barmherzigen Richter. Das wilde, unsittliche Lärmen, die empörende Lustigkeit der Verzweiflung ist in eine ernste Stille übergegangen. In dem Versammlungszimmer, wo ich einer Andachtsstunde beywohnte, sah ich die schönsten weiblichen Arbeiten zum Verkauf, wovon der Gewinn denen gehört, die sie liefern, und ihre Ausstattung wird, wenn ihre Strafzeit geendigt ist. Von Strafen und Züchtigungen, die vormahls für unentbehrlich gehalten wurden, ist nicht mehr die Rede. „Wir haben" — sagte Madame Frey in der letzten Versammlung des Lord-Majors, der Aldermänner und Polizeybeamten — „wir haben sehr strenge Gesetze. Wir haben dieß den Gefangenen vorher gesagt, und daß es dabey auf ihr Bestes abgesehen sey. Aber sie haben alle freywillig sich jeder Anordnung unterworfen. Seitdem haben wir das größte Ansehen bey ihnen. Einige sagten unlängst, sie wollten viel lieber vor dem Richter als vor mir erscheinen. Gleichwohl behandeln wir sie bloß mit Sanftmuth und Liebe, und ich habe noch nicht eine Einzige strafen lassen. Sie haben, seitdem Thätigkeit und Fleiß eingeführt ist, an zwanzig tausend einzelne Stücke für sich und das Haus gearbeitet. Unaussprechlich hat die tägliche Erweckung und das Vorlesen aus der heiligen Schrift gewirkt, und die in ihr enthaltenen Grundsätze der Tugend und Frömmigkeit sind für viele, die nie eine Schule besucht, etwas so Neues gewesen, daß es desto tiefer in ihr Gemüth eingedrungen ist." — Die Magistratspersonen bezeigten, als sie dieß vernahmen, und sich durch die Beamten des Hauses von der strengsten Wahrheit überzeugt hatten, laut ihre dankbare Anerkennung, aber eben so sehr ihr Erstaunen über die neue moralische Schöpfung.

So viel vermag reines Interesse auch für die gesunkene Menschheit, so viel durch Menschenliebe thätig werdende Frömmigkeit. Wem bricht nicht das Herz, wenn er dabey an den Zustand unserer meisten Gefangenen in großen Städten und in Mittelstädten denkt? an das Schreckliche so vieler Gefängnisse; an die furchtbare Langweile; an den privilegirten Müßiggang; an die Abgeschiedenheit von aller bessern Gesellschaft; an die Entbehrung jedes Zuspruchs, jeder Erweckung des sittlichen Gefühls, jeder Theilnahme an Reue und Schmerz; und dann an die Folgen von dem allen, das immer wachsende Verderben, das Sinnen auf List, Betrug, und auf Schadloshaltung für die Gegenwart nach dem Ende der Strafzeit, endlich den steten Wechsel zwischen kurzer Freyheit, um Böses zu thun, und härterer Einkerkerung, bis das elende Leben endlich im tiefsten Jammer verlischt.

Ein so reiner und belohnter Eifer einer kleinen Gesellschaft von Freywilligen konnte nicht ohne Wirkung auf die Staatsbeamten bleiben. Zwar geschieht in England bey weitem das meiste Große durch Privatpersonen und ist Privat-Unternehmung, nicht Sache der Regierung. Indeß fühlte sich doch dießmahl, da die Klage über den Jammer der Gefangenen und die Gefängnisse so laut wurde, das Parlament gedrungen, selbst Hand anzulegen, und es ward ein neues Buß- und Besserungshaus (Penitentiary) zu erbauen beschlossen, und an 400,000 Pf. Sterling, — so viel gibt wenigstens die neueste Beschreibung von London an, — dazu ausgesetzt, welches sich bereits seiner Vollendung nähert. Es liegt sehr nahe an dem Ufer der Themse, Lambeth, dem alten Sitz des Primas von England und Erzbischofs von Canterbury, schräg gegenüber. Von der dahin führenden Straße erhielt es den Nahmen Millbank Penitentiary. Die Bestimmung ist, Sträflingen beyderley Geschlechts aus Niugäte und andern Gefängnissen, welche nicht das Leben oder Gefangenschaft auf Lebenszeit verwirkt, besonders solchen, die sich entweder geringer Vergehungen schuldig gemacht, oder deren Alter und Betragen im Gefängnisse Hoffnung zu ihrer Besserung erweckt, bis zum Ablauf der Strafzeit zum Aufenthalt zu dienen, und alles zu versuchen, um vielleicht in ihnen der Gesellschaft nützliche Mitglieder zu erhalten. Früherhin würde die meisten von ihnen das Schicksal der Verbannung nach Botany=Bay getroffen haben. Bekanntlich ist dieser im Jahre 1770 von Cook an der Küste von Neu=Holland entdeckte, geräumige, in seinem Landstriche sehr fruchtbare Meerbusen von der englischen Regierung zu diesem Zweck bestimmt, nachdem man die Verbrecher nicht mehr wie sonst nach Nordamerika schicken konnte. Nachdem man im Jahre 1804 eilf Fahrzeuge ausgerüstet und 760 Verbrecher, nebst 570 freyen Engländern als Colonisten zum Anbau dahin gesandt hatte, die auch nach einer Fahrt von acht Monathen glücklich angekommen waren, ist diese neue Anstedelung bereits zu vier Districten, eben so viel Städten und einer Anzahl von 12,000 Seelen angewachsen. Ist die Strafzeit abgelaufen, so werden die Freygewordenen entweder selbst Ansiedler und erhalten Land und Lebensmittel auf 18 Monathe, oder kehren, was aber bey den weiblichen große Schwierigkeit hat, wieder nach England zurück. Wenn auch durch dort getroffene gute Einrichtungen der Zustand dieser Unglücklichen jetzt ungleich besser als au=

fangs geworden seyn mag, so ist doch leicht zu denken, wie viel dazu gehört, auf einer so weiten Deportations-Reise und in solcher Gesellschaft **besser** zu werden *).

Desto erfreulicher sind dagegen jetzt schon die Erfahrungen in dem neuen wahrhaft nationalen **Besserungshause**, welches, wenn der Bau ganz vollendet seyn wird, mehr als 600 Personen dürfte fassen können. Ich habe zu wenig ähnliche Institute gesehen, wenigstens nicht genau genug kennen gelernt, um mir eine sichere Vergleichung anzumaßen. Mir schien es, als sey kaum etwas Vollkommeneres in Plan und Ausführung denkbar, was sich freylich auch bey einem so ungeheuern, dem Tadel nicht ganz entgangenen, Kostenaufwand, und von dem hohen praktischen Sinn der Engländer erwarten läßt. Die Gefangenen selbst sind nach dem Alter und dem Grade der Schuld in Classen getheilt. Anfangs läßt man Jeden in der vollkommensten Abgeschiedenheit Zeit zum Besinnen und Nachdenken. Sie sehen niemand als die Aufseher **ihres** Geschlechts. Denn selbst die Vorsteher kommen nie zu den **weiblichen** Sträflingen, ohne eine Begleitung der vorgesetzten **Matronen**. Alle sind beschäftigt mit leichter oder härterer Ar-

---

*) M. s. Beylage Nr. V.

beit; doch keiner zur Qual. Entbehrung und längere Einsamkeit ausgenommen, kennt man keine andere Strafen. Aber der Übergang in die Gesellschaft der **bessern Classe** muß durch strenge und bewährte Regelmäßigkeit, Fleiß, Sittsamkeit, Geduld und Ergebung errungen werden. Die sich bewähren, kommen dann mit **drey, vier bis acht** andern, die eben am besten zu ihnen passen, in größern Räumen zusammen, und arbeiten gemeinschaftlich, zum Theil für das Haus. Die geprüftesten unter diesen werden wieder gehoben, indem man ihnen Andere zur Aufsicht übergibt, oder sie zu Krankenpflegerinnen macht, oder in der Küche, der Wirthschaft und der großen Wäscherey gebraucht. Denn auch Familien lassen in der Anstalt waschen. Durch das alles wird der Erwerbsfleiß genährt. In dem Haupt-Büreau sah ich die feinsten Arbeiten, Nähthereyen, Stickereyen, meist auswärtige Bestellungen. In der männlichen Abtheilung werden alle Gewerbe betrieben, überhaupt aller Bedarf im Hause selbst gefertigt. Der Lohn wird aufbewahrt, und ist für solche, die sich der Freyheit würdig gemacht, besonders wenn sie sich in der Freyheit gut betragen, nach Jahresfrist das erste Anfangs-Capital. An dem Tage, wo ich dieß Haus besuchte, waren eben **sechs** entlassen, die sich durch die musterhafteste Aufführung die Strafzeit verkürzt hatten, und, wie man wenigstens versicherte, als wahrhaft Gebesserte wieder in's Leben eintraten. Ein junger Mensch, kräftig, wohlgebildet, der von Kindheit an den Hang zum Stehlen besessen und den nichts hatte bessern können, hatte eben diese Aussicht, da er jetzt zu den fleißigsten gehörte, und schon fast alle Proben bestanden hatte. Widerspänstigkeit und Frevel wird, im schlimmsten Fall, mit längerer oder kürzerer Einsperrung in ein ganz schwarzes enges Gefängniß gestraft, was aber äußerst selten gebraucht werden soll. Ganz unnützen Subjecten steht die Deportation bevor.

Die architektonische Einrichtung hat ebenfalls etwas ganz Eigenthümliches. Der nebenstehende Grundriß, der die mittlere Etage, so weit es mir aus dem Gedächtniß möglich war, richtig darstellt, wird sie einiger Maßen anschaulich machen.

Von dem mittlern runden Gebäude (A) gehen, wie man sieht, Gänge (c) aus, welche in die 6 Sechsecke (B) führen, worin sich die Gefangenen befinden.

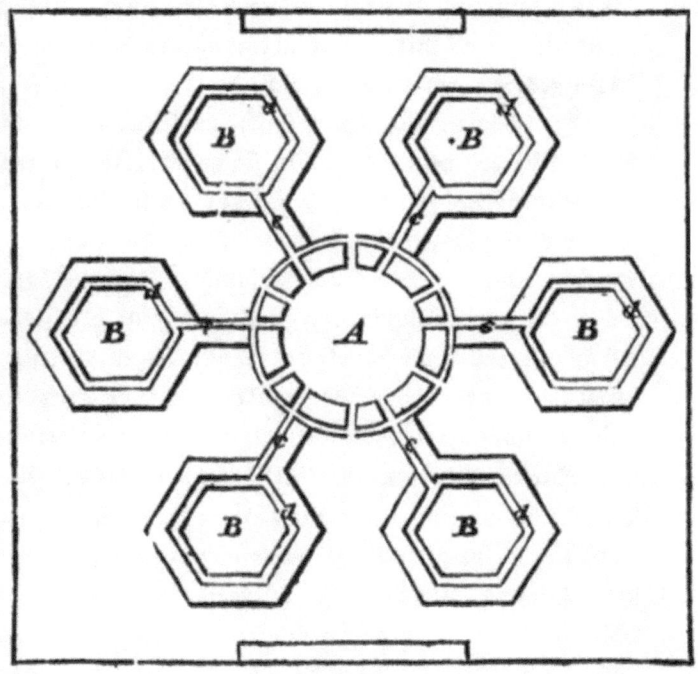

Dieses runde Gebäude ist als Centralpunct der Vereinigungsort der eigentlichen Aufseher in verschiedenen Zimmern, so daß in den Abtheilungen sich nichts regen kann, was ihrer Aufmerksamkeit entginge. In dem untern Stock sind die Amtswohnungen, Bureau's, die Küchen- und Wirthschafts-Locale; alles durchaus zweckmäßig und mit Berücksichtigung des kleinsten Bedürfnisses. In den Höfen, welche die Sechsecke einschließen (B), schöpfen Alle täglich frische Luft und können sich hinlänglich ergehen. So bleiben sie gesund. In dem mittlern Stock befinden sich theils die Zellen (gerade wie in Klöstern) für einzelne Gefangene, theils die Zimmer, in welchen etwa sechs bis acht zusammen arbeiten, sofern sie zu einer moralisch bessern Classe gehören. Die Zellen selbst, zu welchen die Gänge (d) führen, liegen neben einander, sind aber durch starke Scheidewände getrennt, und geräumig genug, um die mit Matratzen und wollenen Decken versehene Bettstelle, einen Tisch, einen Stuhl, dazwischen einen nicht zu engen Gang, auch selbst eine kleine Werkstätte für solche, die ein Handwerk gelernt haben, zu fassen. In jeder liegt auf einem Eckrück eine gut gebundene *englische Bibel*, das kirchliche *Gebeth- und Gesangbuch*, auch wohl noch irgend eine andere lehrreiche Schrift. Jede hat einen doppelten Verschluß, ein eisernes Gitter und eine starke eichene Bohlenthür mit Schloß und Riegel. Letztere ist an Sommertagen gewöhnlich offen, so daß der Gefangene stets beobachtet wird, was auch, wenn die Vorderthür geschlossen ist, durch schräge Öffnungen durch die Mauer geschehen kann, ohne daß er es selbst wahrnimmt. Durch Röhren unter dem Fußboden, welche von Dämpfen erhitzt sind, werden die Zellen im Winter erwärmt. Die Fenster des Ganges oder Corridors (C), der an ihnen hinläuft, haben bis zur Mannshöhe matte, daher undurchsichtige Glasscheiben, damit alle Verbindung mit der Außenwelt abgeschnitten werde. Denn diese Gänge führen auch die Gefangenen theils zu den Arbeitszimmern, theils zu den am Ende eines jeden angelegten heimlichen Gemächern. Hier verpestet nicht, wie in vielen unser abscheulichen Kerker, ein schmutziger Eimer die Luft. In jedem Abort ist ein Wasserbehälter angebracht, der mit dem Sitz durch Röhren und Ventile zusammen hängt. Sobald durch einen Zug das Ventil geöffnet wird, fließt das Wasser in das Becken, spühlt es rein, und stürzt mit dem Unrath in die untern ableitenden Canäle *). Möchten nur viele selbst unserer

---

*) Ein gewisser Blades war Erfinder dieser Vorrichtung, die er zuerst auf tragbare Commoditäten (Wasser-Cabinete, Water Closets, nannte er sie) angewendet hat, welche er anfangs für 15 Guineen verkaufte, und sie in alle Länder, selbst nach Indien, nach Amerika, besonders Rußland, versandte. Bereits in einem großen

wohlhabenden Stadtbewohner eine so reine Luft, als man in dieser merkwürdigen Anstalt überall — selbst jene Aborte nicht ausgenommen — findet, in ihren eigenen Wohnungen einathmen können!

Theil der englischen Häuser findet man die Einrichtung bis im dritten Stock hinauf. Daher auch keine Spur von jenem verpestenden Stickgas, wovon man in Deutschland und Frankreich oft in den größten Hotels beschwert wird.

Es wird übrigens, wie ich hoffe, niemand diesen Gegenstand für zu kleinlich halten. Er verdient in öffentlichen und Privathäusern die größte Aufmerksamkeit. Wer über die bessere Anlage dieser so unentbehrlichen Orte eine recht ausführliche Belehrung sucht, den kann man auf den Artikel Abtritt, in der neuen großen Encyklopädie der Herren Professoren Ersch und Gruber verweisen. Eine Abbildung der tragbaren Maschine, die doch in vielen Privatwohnungen nothwendig ist, findet man im 4. Bande der englischen Miscellen. Möchte doch ein geschickter Mechaniker sich unter uns das Verdienst erwerben, sie nachzuahmen, und vor allen Dingen wohlfeiler zu liefern, da wir Continental-Bewohner mit den reichen Insulanern nicht Schritt halten können. Neulich (1821) hat zu Berlin der Legationsrath von Fauche-Borel ein kön. Patent zur Anfertigung tragbarer geruchloser Latrinen (fosses mobiles inodores) erhalten.

Die weiblichen Besserungs=Anstalten.

(Magdalen - Hospital und London female Penitentiary.)

Unter allen, welche der Weg des Lasters in die Gefängnisse, oft selbst auf den Richtplatz führt, scheint keine Classe, wenigstens in der ersten Periode ihrer Verderbniß, beklagenswerther, als jene unstreitig unglücklichste des weiblichen Geschlechts, welche, sey es nun durch Armuth, Noth, wohl selbst Schuld schlechter Ältern, oder durch alle Künste der Verführung ausgelernter Weltlinge, mit der Unschuld zugleich eine würdige Stellung in der Gesellschaft und die öffentliche Achtung verloren hat, die auch Reue und Besserung nicht ganz ersetzen kann. Selbst von denen, die, nachdem jeder Überrest eines bessern Gefühls mit dem Gefühl für Ehre und Schande in ihnen erloschen war, zuletzt ein Gegenstand der allgemeinen Verachtung wurden, waren gewiß Manche mit den herrlichsten Anlagen zu allem Guten und Edlen geboren, und es hätte sich — unter andern Umständen und Verhältnissen — in den Reizen ihrer körperlichen Schönheit auch eine schöne, durch reine' Liebe beglückende Seele abspiegeln können, statt daß sie nun geistig und körperlich zum Abscheu der Menschen erniedrigt sind. Wer den Zustand unsers gesellschaftlichen

Lebens, wer die Geschichte des weiblichen Geschlechts in allen Perioden nur einiger Maßen kennt, muß auch wissen, welche Unzahl von Unglücklichen, deren ganzes Leben im schimpflichsten Dienst der sinnlichen Lust in allen Gestalten und Abstufungen hinschwand, es unter allen Völkern gegeben hat und noch gibt, und wie sie in grosen Städten ganze in die verschiedensten Classen getheilte Corportionen bilden *). Bey dieser Art von Verirrungen, zu welcher selbst in den besten Familien eine unbewachte Neigung leicht verleiten kann, bleibt das Schrecklichste — die, auch bey dem regsten Gefühl der Schuld und der Sehnsucht, oft unüberwindliche Schwierigkeit, einen Rückweg zu finden, um in einer eben so lieblosen als verderbten Welt wieder mit Würde erscheinen zu können. Daneben aber bleibt es auch der schreyendste Widerspruch, daß in den Urtheilen dieser Welt die ganze Last der Schande auf den schwächern, in den meisten Fällen anfangs nicht verführenden, sondern verführten Theil zurück fällt, indeß das Geschlecht, das sich das stärkere nennt, in der öffentlichen Meinung kaum ein Vorwurf trifft, und so viele Männer keck und

---

*) M. s. eine solche Classification dieser Unglücklichen bey
Göde 1. Theil.

triumphirend, tamquam re bene gesta, neben den Ab=
gründen des Elends vorüber gehen, in welche die Opfer
ihrer oft teuflischen Verführungskunst hülflos versunken,
in ihrem ganzen Wesen zerstört, ohne Hülfe, ohne Ret=
tung, selbst ohne den Trost des Mitleids, untergehen.
Sollte man die Bilder des Jammers und der Verwü=
stungen, welche nur in der einzigen Stadt London das
Laster anrichtet; sollte man nahmentlich das Schicksal
der zahllosen Kinder, die als Früchte solcher flüchtigen
Verbindungen in's Leben geworfen sind, mit einem Blick
übersehen können; kein fühlendes Herz würde den An=
blick ertragen. Ich gestehe, daß mich, auch gerade von
dieser Seite, die Betrachtung der Schicksale der Men=
schen, und ihrer so ganz außer ihrer Gewalt liegenden,
im schärfsten Gegensatz stehenden Verhältnisse, wornach
Millionen nur zum Dienst der Sünde von ihrer Geburt
an vorher bestimmt zu seyn scheinen, oft eben so sehr
verwirrt als niedergeschlagen hat. Könnten wir nicht auf
eine künftige Entschädigungs= und Veredlungs=Periode
für alle, welche h i e r das gewiß oft unverschuldete Opfer
ihrer äußern Lage geworden sind, rechnen — so würde
in der That aus dem Labyrinth der Menschenschicksale,
wenigstens für den, der doch in j e d e m menschlichen
Wesen die Würde einer höhern Natur und einen Fun=

ken der Gottheit erblickt, gar kein Ausgang zu finden
seyn.

Der Wahrnehmung, daß so oft die ersten Schritte
zum Laster unverschuldet sind, und so Manche, einmahl
verirrt, doch noch eine Zeitlang mit Zittern und Beben
auf dem breiten Wege, nicht ohne Sehnsucht nach dem
verlornen Paradiese, fortwandeln — haben jene Stiftungen ihr Entstehen zu danken, welche der Aufnahme
und Besserung solcher Beklagenswürdigen bestimmt sind.
In religiösen Gemüthern hat selbst, wie der Nahme schon
andeutet, die Erinnerung, daß der Heiligste auf
Erden auch die reuigen Magdalenen nicht zurück
stieß, den Eifer dafür noch mehr belebt.

Es gibt deren jetzt zwey in der Hauptstadt. Die
ältere, die Magdalenen-Stiftung, unweit der
Westminster-Brücke jenseits der Themse, ging zuerst im
Jahre 1758 von einem angesehenen Kaufmann, Robert
Dingley, aus, der durch eigene Mittel und eine sehr
gelungene Subscription die ersten Fonds zu einer Ret-
tungs-Anstalt für solche von der Welt und ihren eigenen
Familien ausgestoßene Personen zusammen brachte. Zu
den ersten und eifrigsten Beförderern gehörte der durch
seine Predigten für Jünglinge, und fast mehr
noch durch sein trauriges Ende, auch in Deutschland

wohlbekannte D. Dodd, der sich mit großer Wärme für die Idee interessirte, sie in öffentlichen Blättern empfahl und die Einwürfe dagegen beantwortete *).

Das Magdalenen-Hospital ist seit der ersten Stiftung nicht nur bedeutend erweitert, sondern fortdauernd wohlthätig wirksam. Die Capelle wird besonders des Sonntags wegen des lieblichen und rührenden Gesangs der Versammlung der **unsichtbaren Magdalenen** sehr **besucht**, wobey mancher Besucher wohl Ursache haben mag, wenn er vielleicht die wohlbekannte Stimme einer der Sängerinnen unterscheiden sollte, an seine eigene Brust zu schlagen.

Das Innere dieses Hauses habe ich aus Mangel an Zeit nicht gesehen; wohl aber eine **jüngere**, für gleichen Zweck bestimmte Anstalt, das **Londoner weibliche Besserungshaus**, welches, da das Magdalenen-Hospital bey weitem nicht mehr alle Anträge und Bitten um Aufnahme befriedigen konnte, seit 1807 von einem Verein von Menschenfreunden in ei-

---

*) Man findet das Nähere über Ursprung und Einrichtung dieser Stiftung in dem Account of the rise progress and present state of the Magdalen-Hospital, for the reception of penitent prostitutes, together with D. Dodds Sermons. London 1776.

ner frey gelegenen, an das friedliche Dörfchen Pen=
tonville gränzenden Gegend angelegt wurde. Vier
und zwanzig geprüfte Männer, und eben so viele
Frauen, führen die allgemeine Aufsicht, aus denen
besondere Committeen gebildet werden, die sich theils
monathlich, theils wöchentlich versammeln. Zwey Frauen
besuchen täglich das Haus, und empfangen Bericht von
der Matrone, welche das Ganze leitet. Mrs. Hop=
lin schien eine treffliche Aufseherinn, die eben so viel
Anstand und Würde, als Sanftmuth und Milde in sich
zu vereinigen schien.

Jedes verführte Mädchen, das zur Tugend zurück
zu kehren wünscht, darf sich zur Aufnahme in diese An=
stalt, die durchaus nur als eine Besserungs= nicht
als eine Strafanstalt zu betrachten ist, melden.
Leidet es irgend der Raum, so wird sie zur Probe auf=
genommen. Nur Schwangere und Kranke werden zu=
nächst an andere Hospitäler gewiesen. Bey der Aufnah=
me unterrichtet man sich bloß von ihrer Herkunft und
Familie. Alles neugierige Eindringen in die Geheimnisse,
ihrer frühern Verbindungen ist untersagt, und jeder
Vorsteher wird verpflichtet, über alles, was er ander=
weitig von ihren vormahligen Verhältnissen in Erfah=
rung gebracht, das tiefste Stillschweigen zu beobachten.

Die Aufgenommene beobachtet man zwey Monathe. Erst dann wird sie, wenn ihr die Ordnungen und Gesetze des Instituts zusagen, der vollen Aufnahme (full admittance) fähig.

Nach solcher vorher gegangenen scharfen Beobachtung vertheilt man sie in gewisse Classen, wobey besonders wohl unterschieden wird, ob sie bis zu öffentlichen gemeinen Lustdirnen herab gesunken sind oder nicht. Überhaupt sucht man durch die Besseren und Gebesserten auf die neuen Ankömmlinge zu wirken.

In einzelnen Zimmern oder in der Wirthschaft treiben sie, nach Geschicklichkeit und Charakter gesondert, ihre Geschäfte. Denn Arbeit, Beschäftigung und religiöser Zuspruch werden als die Hauptbesserungsmittel betrachtet. Auf das Haus und den Garten beschränkt, sehen sie niemand, als etwa Verwandte und nahe Freunde, und jede Verbindung mit der Welt ist streng bewacht. Auch der Arzt, der Wundarzt und die Geistlichen sehen sie nur in Gegenwart der Aufseherinn. Wenn Fremde zu gewissen Tagen und Stunden die Anstalt besuchen, entfernen sich die Bewohnerinnen in andere Zimmer, die dann nicht geöffnet werden. Eben so wird es im Magdalenen-Hospital gehalten. Morgens, Abends und Sonntags vereinigt sie ein einfacher Saal zum Gebeth. Einige bewährte Geistliche besorgen abwechselnd den Vortrag. Im ganzen Hause, den Wohn- und Schlafzimmern herrscht neben der Einfachheit die höchste Nettigkeit, Reinlichkeit und Zweckmäßigkeit aller Einrichtungen, und die Rücksicht auf Verhütung jeder Art von Unsittlichkeit, selbst Unschicklichkeit, springt überall hervor. In dem Eintrittszimmer findet man ein Magazin der schönsten weiblichen Arbeiten aller Art, die um ziemlich hohe Preise, zum Theil zum Besten des Hauses, zum Theil der Arbeiterinnen selbst, verkauft werden, wozu denn auch viele Familien-Bestellungen machen.

Wie übrigens alle Mitglieder freywillig und nur auf ausdrückliches Gesuch eintreten, so wird auch keinem gewehrt, das Haus zu verlassen. Zwey Jahre hält man sonst für die angemessenste Zeit des Aufenthalts, um sie an eine neue Lebensordnung zu gewöhnen. Während derselben bemüht sich die Direction, wo Ältern und Verwandte leben, den Frieden mit diesen wieder herzustellen, und die Verirrten in den Schooß der Familie zurück zu führen. Wo dieß nicht der Fall ist, sucht man sie nach ihrer persönlichen Beschaffenheit und Fähigkeit, wo möglich außer London, in Dienste zu bringen. Auch wenn sie das Haus verlassen haben, zieht man fortgesetzt Nachrichten von ihrem Betragen ein. Überschicken sie nach Jahresfrist ein gutes Zeugniß, so erhalten sie eine Guinee zur Aufmunterung; nach zwey Jahren zwey, und so immer fort nach jedes Lage und Bedürfniß. Die sich der Ordnung nach wiederhohlten Erinnerungen nicht fügen wollen, werden verwiesen. Zum zweyten Mahl wird niemand aufgenommen *).

Die segenreichen Wirkungen dieser Stiftungen sind, was man auch dagegen sagen mag, unverkennbar. Einige haben sie zwar als eine Begünstigung und Aufmunterung des Lasters getadelt, indem sie die Aussicht eröffneten, nach einem sündlichen Leben ein sicheres Asyl zu finden. Wie wenig müssen doch diese das menschliche Herz kennen! An das Ende denken gewiß Wenige, die sich der Verführung hingeben. Sie trauen entweder der Lockstimme der Versucher, die ewige Treue verspricht, oder sie hoffen von dem Laster Gewinn, und weil es Einzelnen gelang, denken auch sie ihr Glück in der Welt zu machen. Ein Penitentiary oder Besserungshaus hat wahrlich keinen Reiz für den Leichtsinn und die

---

*) Alles dieß ist genau bestimmt in den By-Laws and Regulations of the London female penitentiary. London 1808, die in der Anstalt ausgegeben werden.

Sinnlichkeit. Die beſſere Natur muß erſt wieder empor gekommen ſeyn, wenn der Menſch in ſich gehen und an die Rückkehr denken ſoll.

Auch iſt man in der Verwaltung dieſer Anſtalten verſtändig und vorſichtig genug, ſie nicht in Zufluchts= örter für jenen Auswurf der Gefallenen, welche ihr elen= des Gewerbe nicht mehr nährt, zu verwandeln. Wa bloß Armuth und ſchimpfliche Krankheit ein Unterkom= men ſucht, und um Aufnahme bittet, verweiſet man ſie an Kranken=Hoſpitäler und Armenhäuſer.

In dem Aſyl, das ich beſuchte, hatten ſich binnen 11 Jahren (1807 — 1818) 2200 gemeldet, von denen aber nur 645 aufgenommen waren. Von dieſen hatte man 173 in gute Dienſte, 102 anderweitig untergebracht; 145 mit ihren Familien ausgeſöhnt; 24 waren glücklich verheirathet; 74 waren auf ihr eigenes Verlangen aus= getreten; 21 waren entlaufen; 14 geſtorben; 100 wa= ren im Hauſe gegenwärtig, und man war auf bedeuten= de Erweiterungen bedacht*). Der Koſtenaufwand, der

---

*) Von dem ältern Magdalenen=Hoſpital finde ich folgende, jedoch nur bis 1798 reichende Angabe. Binnen 40 Jahren waren überhaupt aufgenommen 3188. Von dieſen waren

bloß durch freywillige Gaben und Vermächtnisse gedeckt wird, betrug im Jahre 1818 5149 Pf. St. (30,894 Thlr.) Mit Handarbeit waren 746 Pf. St. (4476 Thlr.) verdient, wovon ein Theil für die Arbeiterinnen zurück gelegt und ihnen dann bey ihrer Entlassung mitgegeben wird. Nicht ohne Rührung kann man die dankbaren Briefe lesen, welche die Entlassenen, die in ihre Familien zurück gekehrt oder in Dienste getreten sind, an die Vorsteher des Hauses schreiben. Diese sowohl, als mehrere Zeugnisse über ihr Betragen im Dienst, werden gewöhnlich als Anhang zu dem jährlich erscheinenden Bericht mitgetheilt. So schrieb eine S. M. an die Aufseherinn unter dem 6. Februar 1818:

„Als ich das Haus verließ, war ich zu überwältigt von meinen Gefühlen, um Ihnen meinen Dank mit Worten auszudrücken. Ich wage es jetzt, Sie durch diese Zeilen zu bitten, allen den ehrwürdigen Damen zu be-

---

1) mit ihren Verwandten ausgesöhnt, verheirathet oder als Dienstbothen untergebracht 2075
2) an Kranken-Hospitäler als unheilbar abgegeben 98
3) gestorben 63
4) auf ihr eigenes Gesuch entlassen . . . 439
5) wegen schlechter Aufführung fortgeschickt . . 446
Die übrigen waren noch in der Anstalt befindlich.

zeugen, wie hoch ich mich ihnen für alle die Güte verpflichtet fühle, die ich unter ihnen so unverdient genoß, um der Gesellschaft der Tugendhaften wieder zurück gegeben zu werden."

„Aber auch jetzt fehlt es mir an Worten für meine Empfindung. Meine Augen sind voll Thränen, und ich kann nur sagen: Lobe den Herrn, meine Seele!"—

„Ach! ich glich lange einem verirrten Wanderer; meine Gesundheit schwand hin; mein Friede war zerstört. Nicht einen Freund hatte ich mehr, von dem ich nur den geringsten Trost hätte hoffen können. Ich hatte alle Hoffnung für diese Welt aufgegeben, und ich fing an, an einer bessern Zukunft zu verzweifeln. Das Leben war mir zur Last geworden; aber der Gedanke an den Tod war mir, da ich so voll Sünde war, fürchterlich. Da führte mich eine gnädige Vorsehung in Ihr Asyl, und ich fand einen heilenden Balsam für allen meinen Jammer. Man führte mich zu den Füßen des Erlösers. In Ihm fand ich Ersatz für alles, was mir gebrach."

„Wie bin ich allen den edlen Frauen verpflichtet, unter deren Aufsicht ich stand; in jeder Abtheilung, worin ich lebte, in gesunden und kranken Tagen, erfuhr ich von ihnen jede Art von Freundlichkeit, Trost und Beystand."

„Möge Gott seine höchsten Segungen über alle verbreiten, welche dieses wohlthätige Haus verwalten. Das ist mein tägliches Gebeth. Ich fürchte nur, ich mißbrauche Ihre Geduld; aber mein Herz — ach! es ist so voll, daß ich nicht aufhören möchte zu schreiben.

Ihre ewig treu gehorsamste S. M."

Von solchen Briefen und Zeugnissen ist das Archiv dieses wohlthätigen Hauses voll. Sie ehren in gleichem Grade die, von denen sie kamen, wie die menschenfreundlichen Männer und Frauen, welche über diesen Zufluchtsort reuiger Magdalenen wachen.

Hätte übrigens ein psychologischer Moralist Gelegenheit, im Innern beyder Anstalten längere Beobachtungen anzustellen, — ein weites Feld würde sich ihm eröffnen.

Zuvörderst würde es schon sehr interessant seyn wahrzunehmen, wie der so plötzliche Übergang aus einem verwilderten Leben der Sinnenlust, in eine solche Abgeschiedenheit von der Welt auf die verschiedenen Naturen physisch und moralisch einwirken mag. Vielleicht gerade darum weniger drückend, weil alles Übermaß sinnlichen Genusses nur zu bald Ekel und Trübsinn zurück läßt, und viele jener Unglücklichen nicht aus Neigung, sondern weil sie sich jeden Ausweg versperrt sehen, und durch die Zerrüttung ihrer Umstände mehr in der peinigenden Nothwendigkeit fühlen, in dem Joch der Sünde und unter der Gewalt tyrannischer Kupplerinnen wider ihren Willen zu bleiben.

Nächst dem würde der Beobachter prüfen, wie fern das Zusammenleben gerade mit Personen, die auf gleiche Weise gesündigt haben, ihrer Besserung nicht hinderlich sey, da es kaum fehlen kann, daß Erinnerungen an die Vergangenheit sich gegenseitig erwecken, überhaupt aber die Phantasie länger wach bleibt als der sinnliche Trieb. Es gehört freylich zu den Gesetzen des Hauses, alle Gespräche dieser Art zu vermeiden, nahmentlich in den Schlafsälen gar nicht zu sprechen; wobey theils die Trennung der Betten durch Scheidewände, theils die stete Gegenwart von Aufseherinnen oder bewährten Mitgliedern mehr noch als die Vorschrift verhüten mag. Ganz wird dieß jedoch schwerlich zu erreichen seyn. Auch weiß man ja wohl, daß sich eine wohlgefällige Erinnerung an die genossenen Sinnenfreuden selbst hinter die Bekenntnisse der Reue verstecken kann. Von dieser Seite könnte es scheinen, daß die Aufnahme in eine rechtliche Familie — wenn sie nicht mit großen Schwierigkeiten verbunden wäre — sicherer zum Zweck führte. Doch dieß trifft fast alles Zusammenleben in

öffentlichen Anstalten, und man sollte dabey nie vergessen
daß man so leicht ungerecht gegen diese wird, weil man
sie nur in der W i r k l i ch k e i t mit ihren unvermeidlichen
Mängeln, das Familienleben dagegen gewöhnlich i d e a -
l i s ch auffaßt, wie es gleichwohl so selten zu finden ist.

Ein Blick auf und in die Wohlthätigkeits-Anstalten von London.

Man müßte ein Buch schreiben, oder schon geschriebene wiederhohlen, wenn man sich auch nur auf die Darstellung derjenigen menschenfreundlichen Anstalten und Stiftungen beschränken wollte, welche in der H a u p t -
s t a d t vereinigt sind; wie man denn selbst nicht bloß
Monathe, sondern wenigstens ein ganzes Jahr dort
verweilen müßte, um mit ihrem Innern vertraut zu
werden. Ich habe recht absichtlich bloß einige der wichtigsten besucht, weil, wer alles sehen will, selten etwas
recht sieht, und mehr Ermüdung als Belehrung davon
mitnimmt. Selbst diese genau zu charakterisiren würde
ich nicht wagen, weil ich zu gut weiß, wie viel dazu
erfordert wird, in den Geist großer Institute einzudringen, um weder parteyisch noch ungerecht zu werden.
Sind sie nicht ganz in Verfall, so tritt für den einmah-

ligen Besucher meist nur die **schöne** Seite hervor, weil man ihm entweder nur diese zeigt, oder weil die Gebrechen ihrer Natur nach mehr geheim und verborgen sind.

Um den Lesern wenigstens eine allgemeine Idee zu verschaffen, wie reich allein London an Anstalten ist, welche der Humanität und Religiosität ihr Entstehen zu danken haben, so folge hier zuerst eine summarische Anzeige zum Überblick.

Sie bestehen nähmlich:

1) aus **drey und vierzig Freyschulen**, worin an **vier tausend** Kinder theils unterrichtet, theils erzogen werden. Nächstdem hat London
2) **siebenzehn Schulen** für ganz arme und verlassene Kinder;
3) **zwey hundert und sieben und dreyßig Parochial-Schulen**, welche durch freywillige Beyträge unterhalten werden, und worin zwischen **zehn- bis zwölf tausend** Knaben und Mädchen Unterricht genießen.
4) **Für Kranke, Gebrechliche und Schwangere** findet man **zwey und zwanzig Hospitäler**. Dazu kommen noch:
5) **zwey große Irren-Anstalten, — Bethlem (Bedlam) und St. Lucas.**

6) Alte unvermögende Personen finden in Hundert und sieben Armenhäusern Zuflucht für ihre hohen Jahre.

7) Für Unterstützung besonderer Classen von Unglücklichen, Verarmten und Hülflosen zählt man außerdem achtzehn besondere Stiftungen. Endlich werden:

8) in zwanzig Apotheken alle Heilmittel den Dürftigen frey geliefert.

Außer diesen Anstalten rechnet man, daß die Bürgervereine der City jährlich an 75,000 Pf. St. oder Eine Million und 450,000 Thaler zu wohlthätigen Zwecken aufbringen. Die ganze Summe aber, welche in London für diese verwendet wird, schlägt der neueste Berichterstatter auf 850,000 Pf. St. oder an Fünf Millionen Thaler an. Man muß die Größe, den Umfang, die innere Einrichtung wenigstens einiger dieser Institute gesehen haben, um die Angabe nicht zu hoch zu finden.

Ein Theil jener Anstalten rührt aus den frühern Zeiten her, wo uns überall in katholischen Ländern fromme Stiftungen als Wirkungen des religiösen Geistes begegnen mögen. Man kann nicht läugnen, daß mit dem Glauben an die selig machende Kraft solcher guten Werke, welche die Reformatoren bestritten, auch der

Eifer für sie sich gar bald verloren hat. Aber nirgends ist
dieß doch weniger der Fall gewesen als in England. Der
Gemeingeist (public spirit), und bey Vielen auch der
Geist der christlichen Liebe, hat sich durch alle spätere
Jahrhunderte erhalten, und zeigt sich noch immer in
neuen Unternehmungen. Ein großer Theil der herrlichsten
Stiftungen, das Irrenhaus von St. Lucas für 300
Personen, das Findlingshaus, das an 400 Kinder
verpflegt, die Rettungs-Anstalten für Leben und
Vermögen, deßgleichen für die Kinder großer
Verbrecher, die großen National- und Sonn-
tagsschulen, für welche durch freywillige Subscription jährlich eine halbe Million Thaler zusammen
gebracht wird, gehören, so wie die vorher erwähnten
Rettungs-Anstalten für gefallene Mädchen, sämmtlich
dem letztverflossenen Jahrhundert an, und fallen
zum Theil noch in die neueste Zeit.

Jetzt wenigstens einen Blick in drey der bemerkens-
werthesten, die ich in ihrem Innern näher kennen zu
lernen Gelegenheit fand. Unter den Erziehungs-
häusern für Kinder unvermögender (durch Mißbrauch auch wohl vermögender) Ältern, ist zuvörderst das

Christus-Hospital,

welches mitten in der City von London liegt, das älteste, und in seinem jetzigen Umfange das größte. Früherhin ein Franziscaner-Kloster, verdankt es seine jetzige Bestimmung dem, seinem grausamen Vater Heinrich VIII. so unähnlichen edlen Sohne Eduard VI., im sechszehnten Jahrhundert. Nach und nach erweitert, nährt und erzieht es jetzt zwölfhundert Kinder; die größte Hälfte in der Anstalt selbst, die kleinere der jüngern Kinder in Anstalten außer London. Die allermeisten werden zu Handwerkern bestimmt, daher bloß, außer den Religionsstunden, im Lesen, Rechnen, Schreiben und Zeichnen unterrichtet. Doch ist für Vierzig ein besonderes Bildungs-Institut für den Seedienst damit verbunden, und einige ganz ausgezeichnete Köpfe bekommen auch Unterricht in den alten Sprachen und der Mathematik, um sodann auf Kosten der Stiftung in Cambridge studiren zu können.

Wie man überhaupt in England auf Beybehaltung des Alten in Sitten und Gebräuchen hält, so zeigt sich dieß auch hier in der Kleidung der Zöglinge des Christus-Hospitals. Sie ist in der That bey dem ersten Anblick befremdend. Man denke sich die zum Theil

12, 16 bis 17jährigen jungen Leute, in einem dunkel=
blauen, unsern Kinderkappen völlig ähnlichen, bis
auf die Füße herab gehenden Rock, der bis auf den Un=
terleib von einer Reihe weißer Knöpfe zusammen gehal=
ten wird; unter dem Kinn einen kleinen weißen Über=
schlag wie die Kragen unserer Geistlichen; um den Leib
einen schmalen rothen Streif oder Gürtel geschnallt;
die Strümpfe gelb; der Kopf von einer kleinen blauen
Mütze mit einer Troddel bedeckt. Trotz dieser sonderba=
ren Uniform, die nie mit einer andern vertauscht werden
darf, kann man nur mit Wohlgefallen auf die sechs bis
sieben hundert Knaben, welche das Haus vereinigt, bli=
cken. Die höchste Reinlichkeit wird man an allen gewahr.
Dafür sorgt die in ihrer Art ganz einzige Waschan=
stalt. In einem großen Zimmer mit langen, vor den
Wasserbehältern stehenden Bänken baden sie täglich, im=
mer 50 und 50 zugleich, Kopf, Hände und Füße
im durchströmenden, theils kalten, theils lauen Was=
ser, und trocknen sich an den in Rollen auf= und abbe=
wegenden Handtüchern. Fülle der Gesundheit und Hei=
terkeit spricht fast aus jedem Gesichte. Ich war bey einer
Mahlzeit zugegen, die, belebt durch ein munteres Wesen,
einfach, aber gesund und reinlich war. Der große Saal
erinnerte mich sehr lebhaft an unsern Speisesaal im

Hallischen Waisenhause, wo man auch oft an sieben hundert Tischgenossen gezählt hat. Das Gebeth vor und nach der Mahlzeit wurde mit Ausdruck und Andacht von einigen Zöglingen gesprochen, und stets von der ganzen Versammlung mit A m e n beschlossen. Stattliche, dem Hause angehörende, selbst sehr wohlgenährte M a = t r o n e n vertheilten Suppe und Fleisch. Jeder Tisch hatte daneben seinen Besorger und Aufseher aus dem Kreise der Zöglinge. Der Ökonom (Steward), Herr H u g = g i n, führte an einem in der Mitte stehenden Tisch die Aufsicht. Es fiel mir auf, auf diesem Tisch allerley Sa= chen, Schlüssel, Knöpfe, kleines Geld, Schnallen u. s. w. zu sehen; aber der Aufseher belehrte mich, daß man streng darauf halte, daß alles, was gefunden werde, sey es noch so unbedeutend, abgeliefert werden müsse, um nach Tische von dem, der etwas vermisse, wieder in Empfang genommen werden zu können. Dieß ge= schehe mit großer Gewissenhaftigkeit, und gebe zu man= cher nützlichen Erinnerung Anlaß. Überhaupt stehen diese B l a u r ö c k e (blue-coat boys), wie sie durchgängig genannt werden, in sehr gutem Ruf. Sie werden zwar nach strengen Vorschriften, aber sehr liberal, behandelt und erzogen. Man erlaubt ihnen, zwey und zwey aus= zugehen, sobald sie sich gut aufführen; und man versi=

cherte mich, daß man fast kein Beyspiel habe, daß sich Zöglinge dieser Anstalt auf der Straße Ungezogenheiten erlaubt hätten, von welcher Seite sie der Jugend in vielen unserer kleinen und großen Städte zum Muster vorgestellt zu werden verdienen.

Es war übrigens dieß große Institut neuerlich einer strengen Untersuchung unterworfen, da so manche wohlhabende Ältern Mittel gefunden hatten, ihren Kindern, der auf Bedürftige berechneten Bestimmung ganz zuwider, eine Stelle darin zu verschaffen. Mehrere waren schon entlassen, und Dürftigere aufgenommen. So geht es überall! Zu Lustbarkeiten, Putz und Wohlleben muß sich in manchen Familien immer Geld finden. Soll aber ein noch so geringes Schulgeld bezahlt, ein nützliches Buch gekauft werden, so kostet das alles zu viel, und selbst der Hochmuth schämt sich oft nicht, sich da arm zu stellen, wo an dem, was allen wohldenkenden Ältern das Wichtigste seyn sollte, der Erziehung und dem Unterricht, etwas erspart oder abgedrungen werden kann.

Unter den Anstalten, deren Zwecke mehr auf Verpflegung und Heilung an Körper und Geist kranker Personen gehen, sah ich das Innere des

Bartholomäus=Hospitals
und
des Irrenhauses St. Lucas.

Die meisten Londoner Krankenhäuser sind Stiftungen von Privatpersonen. So gründete das große St. Thomas-Hospital ein Geistlicher und ein Lord-Major von London, Robert Clayton. — Thomas Guy, der Sohn eines armen Kohlenhändlers, durch glückliche buchhändlerische und andere Speculationen sehr reich geworden, ward 1721 der Erbauer und Stifter des Hospitals, das noch seinen Nahmen trägt, und dem er nach unserm Gelde eine Million hinterließ. Oft waren 400 Betten mit Kranken besetzt. Fast eben so verhält es sich mit den zahlreichen, so sehr wohlthätigen Anstalten, welche zum Niederkommen für ganz arme oder doch dürftige Frauen bestimmt sind (Lying-in Houses). Auch das Bartholomäus=Hospital, fast das ansehnlichste von allen, in welchem im Jahre 1818 nicht weniger als 9500 Kranke verpflegt waren, und mit dessen Einrichtung ich durch die Güte eines hochgeachteten Arztes, Herrn D. Lawrence, bekannt wurde, wird fortdauernd durch die mildesten

Beyträge des Gemeingeistes unterstützt. Man war eben beschäftigt, den großen Versammlungssaal, welcher die ganze Länge des zu Officianten - Wohnungen und Büreau's bestimmten vierten Flügels einnimmt, neu zu decoriren, und die zahllose Menge der an den Wänden aufgeführten Nahmen der Wohlthäter aufzufrischen. Das Urtheil über die innere Verwaltung und ärztliche Behandlung der Kranken muß ich den Kunstverständigen überlassen. Was so vollkommene Hospitäler, wie man in Würzburg und Bamberg sieht, bey einer geringern Anzahl der Kranken leisten können, ist von einem so überladenen kaum zu erwarten. Obgleich der Aufenthalt auch in den langen, hellen und luftigen Sälen, trotz der vielen Betten und der großen Hitze der Jahreszeit, nicht widrig war, so weilte ich doch am längsten bey den vortrefflichen Fresco-Gemählden — dem barmherzigen Samariter und dem Kranken an dem Teich Bethesda, — wodurch sich Hogarth auch hier, ohne Absicht auf Gewinn, unvergeßlich gemacht, und bewiesen hat, daß er das Edle und Große eben so würdig darzustellen, als die Verzerrungen der Natur glücklich aufzufassen vermochte. Diese Gemählde, nebst einigen andern, welche sich auf die Stiftung beziehen, bedecken die hohen Wände, welche die prächtige

Treppe, die zum Versammlungssaal führt, umgeben. Man liebt dieß in England. Auch in dem Pallast, welchen jetzt der Prinz von Coburg bewohnt, und der vormahls dem Herzog von Marlborough gehörte, ist man auf Treppen, Fluren und Corridors von den in Fresco gemahlten Thaten dieses großen Helden umgeben.

Für die unglückliche, auch in England so zahlreiche Classe derer, welche des höchsten Vorzugs der menschlichen Natur bey völligem oder partiellem Wahnsinn entbehren, war früherhin bloß das weltbekannte Irrenhaus Bethlem bekannt. Es stammt aus den Zeiten Heinrich VIII., wird aber jetzt von dem Irrenhaus St. Lucas am Ende von City Road an Zweckmäßigkeit der innern Einrichtung weit übertroffen. Was ich in diesem sah, stimmt so buchstäblich mit dem überein, worauf ich durch Göde's Beschreibung vorbereitet war, und die gefällige Auskunft, welche mir der Aufseher, Herr Dunstan, der schon an vierzig Jahre das verdienstvolle Amt führt, über alle meine Fragen gab, bestätigte die Angaben jenes frühern Reisenden so durchaus, daß ich meine Leser nur auf jenes Werk verweisen dürfte, wenn ich voraus setzen könnte, daß es ihnen zur Hand sey. Ein gedrängter Auszug — da ich nichts bes-

ſer darüber zu ſagen vermag — dürfte wenigſtens auch
hier nicht unwillkommen ſeyn *).

Die erſte Stiftung dieſes St. Lucas-Hoſpi-
tals geht bis 1732 zurück. Da, wo es jetzt ſteht, be-
gann der Bau im Jahre 1751, der jedoch erſt 1786 ganz
vollendet iſt. Auch trägt es überall die Spuren eines
neuen, wahrhaft ſchloßartigen Gebäudes, mit einer
Fronte von 500 Fuß. Auch dieſe in ihrer Art unver-
gleichbare Anſtalt wurde bloß durch freywillige Beyträge Londoner Bürger begründet. Zu der erſten Einrichtung des Ganzen verwandten die Unternehmer eine
Summe von 40,000 Pfund, und in einem Zeitraume
von fünfzig Jahren erwarb die Stiftung durch Schen-
kungen und Vermächtniſſe ein Capital von 100,000 Pf.
Sir Thomas Clarke, einer der Vorſteher, verehrte
ihr 30,000 Guineen. Noch immer aber ſind die Zinſen
des Capitals, welche im Jahre 1802 die Summe von
3933 Pfund betrugen, bey weitem nicht hinreichend,
eine ſo koſtbare Anſtalt zu unterhalten. Ungeachtet indeß
faſt auf allen Seiten von London mit jedem Jahre
neue Stiftungen der Mildthätigkeit entſtehen, ſo darf
doch bey der Liberalität ſeiner Einwohner keine der

---

*) S. Göde's England. 2. Th. 12. Cap.

ältern für ihre Existenz besorgt seyn. Auch die jährlichen freywilligen Beyträge für St. Lucas haben bis jetzt stets die Summe der Ausgaben überstiegen, die sich im vorletzten Jahre nahe an 7000 Pfund belief.

Das Gebäude ist drey Stockwerk hoch, und von einer hohen Mauer umgeben. Der mittlere, etwas hervor springende Theil des Gebäudes enthält die Zimmer für den Oberaufseher, die Versammlungssäle der Vorsteher und die Bedientenstuben. Die Zimmer der Kranken befinden sich in den beyden Seitenflügeln, deren einen die Männer, den andern die Weiber bewohnen. Durch jedes Stockwerk läuft eine hohe und breite Gallerie. Die nördliche ganz freye Seite jeder Gallerie ist mit hohen Schiebefenstern versehen, die jederzeit zur Hälfte offen gelassen werden; an der entgegen gesetzten mittägigen Seite befinden sich die Zellen der Kranken. Der breite Zwischenraum dient den Kranken als Spaziergang. Am Ende jeder Gallerie befinden sich zwey Versammlungs- und Speisesäle. Der eine ist für die ruhigen und geselligern Kranken bestimmt, der andere kleinere für diejenigen, denen man den freyen Gebrauch der Hände nicht gestatten darf, und die einer strengen Aufsicht bedürfen. In beyden sind die Kamine zur Verhütung der Gefahr mit hohen eisernen Geländern umgeben. Jeder Kranke hat eine besondere geräumige Zelle, in der sich ein Bette befindet, welches aus einer breiten, auf Stroh liegenden Matratze und einer warmen Decke besteht. Die Bettgestelle sind hier, aus leicht zu errathenden Gründen, aus Holz. In den Bettgestellen derjenigen Kranken, die alle Gewalt über ihre thierischen Verrichtungen verloren haben, sind Rinnen angebracht, durch welche der Urin in bleyerne, mit den Betten verbundene Röhren abfließt, die ihn durch die Mauer des Gebäudes in die außerhalb befindlichen Schloten ableiten. Es wäre sehr zu wünschen, daß diese Vorrichtung in allen Anstalten dieser Art eingeführt würde. Man begreift leicht, wie viel sie zur Erhaltung der Reinlichkeit und zur Abwehrung jener abscheulichen Gerüche beyträgt, welche gewöhnlich diese Asyle des menschlichen Elends verpesten. Um die strengste Sauberkeit zu erhalten, müssen den ganzen Tag alle Zellen offen gelassen werden, damit dem Auge des Aufsehers kein Fehler gegen die Ordnung entgehen kann. Wollte ich überhaupt von der durchgängigen prächtigen Nettigkeit dieser Anstalt mit dem gebührenden Lobe sprechen, so könnte ich leicht in den Verdacht der Übertreibung fallen; ich begnüge mich daher mit der Versicherung, daß sie nach meiner Überzeugung das Vollkommenste ist, was man in der Art se-

hen kann, und daß ich in den Zimmern des königlichen
Pallastes in London den Fußboden nicht reinlicher gefunden habe, als in den Gallerien dieses Hospitals. In
allen übrigen Theilen des Gebäudes, in der Brauerey, dem Backhause, dem Waschhause, den Zimmern
zum Trocknen der Wäsche, der Küche nebst den Vor-
rathskammern und den andern ökonomischen Officen,
die sich im Erdgeschoße befinden, hat man Gelegenheit,
dieselbe unvergleichliche Ordnung zu bewundern. Als ich
diese Anstalt besuchte, befanden sich 266 Kranke in derselben. Bedenkt man, daß eine so beträchtliche Anzahl
von Zellen nebst den Gallerien täglich auf das sorgfältigste gereinigt werden muß, daß jeder Kranke seine besondere Verpflegung erfordert, und daß allein der ökonomische Theil des Hospitals sehr viele Hände beschäftigt; so wird man es fast unglaublich finden, daß alle
diese verschiedenen vielfachen Arbeiten mit solcher Prä-
cision von nicht mehr als 16 Bedienten abgethan
werden.

Die Unterhaltung eines jeden Kranken kostet jährlich dem Institute etwas über 15 Pf. Sterling. Man
wird freylich diese Summe sehr bedeutend finden, allein wer die Güte der Verpflegung kennt, welche die
Kranken hier genießen, wird auch hierin die Ökonomie

des Ganzen bewundern müssen, die mit dem Wenigen
so Vieles zu leisten vermag.

Zwey geräumige Rasenplätze hinter dem Gebäude
dienen hier wie in Bethlem den Kranken zur Bewegung im Freyen. In ihrer Mitte sind offene Pavillons
mit Bänken errichtet. Hier ist bey schönem Wetter der
größte Theil der Kranken versammelt, und der men-
schenfreundliche Aufseher sorgt dafür, daß sich keiner an
heitern Tagen in seiner Zelle vergraben darf.

Um das Verhältniß der Mittel, welche man hier,
wie es scheint, ohne viele Künsteley zur Heilung der Ge-
müthskranken anwendet, zu dem Erfolg derselben beur-
theilen zu können, führt Göde folgende Thatsachen an:
„Binnen 5 Jahren sind 7018 Wahnsinnige aufgenommen. Von diesen sind 534 im Hospital gestorben; 3047
wurden geheilt; 631, als nicht für das Hospital geeig-
net, entlassen; 2385 blieben ungeheilt."

Mein Besuch der Anstalt war zu kurz, um über die
Unglücklichen selbst Beobachtungen anzustellen. Daß bey
den meisten sinnliche oder geistige Excentricität — Wol-
lust und religiöse Schwärmerey — die erste Veranlassung der Geistesverrückung gewesen, bestätigte auch Herr
Dunstan. Eigentlich Rasende fand ich nicht, wahr-
scheinlich weil man uns diesen Anblick ersparen wollte.

Gewisse Verirrungen und Äußerunge des Wahnsinns wiederhohlten sich in jedem Narrenhause. Wer kann aber auch das Kleinste verlassen, ohne tief von der Gebrechlichkeit der menschlichen Natur gerührt und erschüttert zu werden? Ach! es muß sich ja jeder gestehen, — ein kleiner Fehler in der Organisation des Gehirns, eine unglückliche Verletzung, ein Mißgriff eines Heilmittels, ein unerwarteter Schlag des Schicksals, oder, was nur zu oft der Fall ist, eine traurige, von Geschlecht zu Geschlecht fortgeerbte Disposition — und auch ich könnte diesen Elenden gleich seyn. Und wenn man sich auch zum Trost sagt, daß sie sich zum Theil nicht elend fühlen, so versetzt man sich doch so natürlich in die Stelle ihrer Ältern, Gatten, Kinder, die der Gedanke nicht ruhig werden läßt, einen Vater, einen Sohn, vielleicht das Theuerste und Geliebteste in einer solchen Abgeschiedenheit zu wissen.

Hat man übrigens auch nur in diese wenigen Wohlthätigkeits-Anstalten, die ich persönlich besucht habe, einen Blick gethan, so muß man ganz die Empfindungen theilen, welche in Göde's Bericht von ihnen mit einer würdigen Begeisterung ausgesprochen sind.

„In welchem andern Lande von Europa" —sagt er am Schluß der Beschreibung von St. Lucas —„findet man auch nur eine einzige Anstalt von solchem Umfange, die sich ohne allen gesetzlichen Zwang, bloß durch freye milde Beyträge ein halbes Jahrhundert blühend erhalten hätte? — Doch was ist diese eine Anstalt in Vergleichung mit mehr als zweyhundert andern, die in London auf gleiche Weise durch bloße freye Wohlthätigkeit ununterbrochen fortdauern! Indem ich von Anstalten spreche, verstehe ich darunter beständige bleibende Stiftungen, nicht jene willkührlichen Verpflegungen der Armen und Kranken, die in London nicht zu berechnen sind; nicht jene Gesellschaften, die sich über gewisse monathliche Beyträge zu milden Zwecken vereinigen (friendly societies) und deren man in London im verwichenen Jahre über sechs hundert und achtzig zählt. Hält man nun aber mit der Summe aller milden Anstalten in London, die ungeheure Menge der übrigen im ganzen Reiche zerstreuten Stiftungen dieser Art zusammen, so sieht man sie durch die letzteren bey weitem an Anzahl, Größe und Reichthum übertroffen; und das ganze große Gemählde der patriotischen Wohlthätigkeit des englischen Volkes entfaltet sich in einer so rührenden Erhabenheit, daß bey seiner stillen Betrachtung jedes beßere, heilige, religiöse Gefühl erhöht, gestärkt und erweitert wird."

Inhalt
des ersten Theiles.

	Seite
Die Seereise	1
England	11
Harwich	13
Reise von Harwich nach London	19
Aufenthalt in England	25
London	29
Sitten und Lebensweise in England	49
Der Sonntag in England	69
Erster Eindruck von dem National-Charakter, dem gesellschaftlichen Leben und dem Ton des Umgangs	85
Besuch einiger der merkwürdigsten Anstalten, öffentlichen und Privatgebäude in und um London	99
Die Westminsterabtey	103
Die St. Paulskirche	119
Die Westminsterhalle. Das Ober- und Unterhaus des englischen Parlaments	129
Der Tower	139

	Seite
Die königlichen Wohnungen Carltonhaus und Schloß Windsor	178
Die Porter-Brauereyen	195
Die Gefängnisse Kingsbench, Newgate und Millbank	204
Die weiblichen Besserungs-Anstalten	223
Ein Blick auf und in die Wohlthätigkeits-Anstalten von London	237
Das Christus-Hospital	241
Das Bartholomäus-Hospital und das Irrenhaus St. Lucas	245

www.ingramcontent.com/pod-product-compliance
Lightning Source LLC
Chambersburg PA
CBHW030749250426
43673CB00059B/1343